贺鼎 著

遗产的文化与数字解析

北京长城军防聚落保护与区域发展研究

清华大学出版社
北京

内 容 简 介

长城军防聚落是长城文化遗产的重要组成部分和区域文化活态传承的物质载体，它将防御工事建造、农业经济生产和边境社区缔造的战略目标结合起来，基于"防居一体"的聚落营建逻辑，形成了由军事防御系统、自然生态系统、农业屯垦系统、商业贸易系统、文化礼俗系统和聚落建筑系统等诸多子系统共同组成的长城聚落遗产体系。本书基于长期的实地考察和测绘，结合史志资料、古籍地图等文献资料，将相关数据纳入地理信息数据平台，以数理统计、地理信息系统和计算机技术分析为手段，对北京明长城军防聚落的空间分布特征、沟域空间结构和聚落建筑形态等内容开展研究。在此基础上，着眼于长城遗产资源特征与保护发展问题，围绕长城沿线区域的发展适宜性评价、景观特征评估、遗产廊道构建开展研究，以数据驱动的方法探索长城军防聚落的"区域性"特征，挖掘长城遗产的"综合性"内涵。本书聚焦数字技术支撑下的长城遗产区域沿线可持续发展与规划研究路径，尝试探索遗产区域数据分析和规划设计的新兴技术手段，为大尺度遗产区域的科学决策提供理论依据和方法参考。

版权所有，侵权必究。举报：010-62782989，beiqinquan@tup.tsinghua.edu.cn。

图书在版编目（CIP）数据

遗产的文化与数字解析：北京长城军防聚落保护与区域发展研究 / 贺鼎著.
北京：清华大学出版社，2024. 10. -- ISBN 978-7-302-67104-6

Ⅰ. K928.77
中国国家版本馆CIP数据核字第2024E965F7号

责任编辑：刘一琳
装帧设计：陈国熙
责任校对：赵丽敏
责任印制：刘　菲

出版发行：清华大学出版社
网　　址：https://www.tup.com.cn，https://www.wqxuetang.com
地　　址：北京清华大学学研大厦A座　　邮　编：100084
社 总 机：010-83470000　　邮　购：010-62786544
投稿与读者服务：010-62776969，c-service@tup.tsinghua.edu.cn
质量反馈：010-62772015，zhiliang@tup.tsinghua.edu.cn

印 装 者：北京博海升彩色印刷有限公司
经　　销：全国新华书店
开　　本：170mm×240mm　　印　张：15.25　　字　数：268 千字
版　　次：2024 年 10 月第 1 版　　印　次：2024 年 10 月第 1 次印刷
定　　价：168.00 元

产品编号：107385-01　　审图号：京 S（2024）039 号

作者简介

贺鼎，北京建筑大学建筑与城市规划学院副教授、博士生导师，城乡遗产大数据研究所所长，哈佛大学人类学系访问学者。中国古迹遗址保护协会文化景观专委会副秘书长，中国文物学会历史文化名街专委会副秘书长。本科、直博毕业于清华大学建筑学院。近年主持国家自然科学基金面上项目、青年项目，北京市社科基金项目等课题，发表 SCI、SSCI、CSSCI等论文30余篇，研究方向聚焦于数据驱动的城乡保护与更新研究，相关研究成果受邀刊登于国际古迹遗址理事会（ICOMOS）专题报道，主持项目获得联合国教科文组织（UNESCO）全球世界遗产教育创新案例奖、亚太区活态遗产教案竞赛奖。

序

长城作为中华民族的代表性符号和中华文明的重要象征，其营建和发展过程对沿线地区的聚落人地关系产生了深刻的影响。长城防御工事的营建带动了沿线聚落的经济生产、社会文化、人居环境等方面的综合发展，并由此形成军事、生态、经济、文化等诸系统深度耦合的长城聚落遗产体系，这构成了长城文化遗产价值的丰富性与综合性。

北京明长城是拱卫京师的重要军事设施，成因复杂且价值突出，是中国大尺度线性遗产区域的典型代表。《北京市长城文化带保护发展规划（2018年至2035年）》对长城历史文化遗产及长城文化带周边环境作出了保护规划，明确将长城本体的保护发展融入沿线区域的自然生态与文化环境，从而进行整体性、系统性的保护。随着长城国家文化公园建设的推进，长城沿线地区的保护与开发工作得到了前所未有的重视。整合长城沿线的各类资源，促进文化传承与旅游产业的融合发展，有效促进长城沿线地区的城乡规划、基础设施建设和产业布局的优化调整，成为长城国家文化公园建设的题中之义。

长城军防聚落是长城文化遗产不可分割的组成部分，是统领其沿线区域的结构性要素，为深入理解长城沿线区域的军事地理、历史变迁、政治背景、文化交流等提供了丰富信息和关键媒介。对北京明长城及其沿线军防聚落开展系统性研究，有助于理解长城及其军防聚落防居一体的空间格局及形成机制，进而加深对长城文化遗产完整性的认知与保护。

在这一背景下，2020年起，张杰教授在担任北京建筑大学建筑与城市规划学院院长期间，主持了国家自然科学基金"基于'遗产–生态'耦合单元的京津冀明长城沿线聚落遗产保护与可持续发展研究"，课题中首次提出"遗产–生态"耦合单元的理论概念，并将其作为综合解决遗产保护与可持续发展问题的空间单元，以文化保护、经济发展、生态保育的综合视角来分析和研究长城研究区域。课题研究过程中，笔者围绕长城聚落遗产开展了一系列研究工作，在长城沿线开展广泛、深度的调查研究工作，针对北京长城聚落及其可持续发展进行了系统性的研究工作，这本书可以看作是这一研究思路的拓展和细化。

本书基于北京明长城聚落遗产体系"区域性"与"综合性"特征，以北京市明长城沿线城堡聚落为研究对象，通过打捞历史文献与长期在地调查，将军防聚落还原到特定的历史地理环境下进行分析解读，研究不同尺度层级下长城军防聚落体系及其空间表征。在此基础上，着眼于长城遗产资源特征与保护发展问题，结合北京明长城军防聚落多源异构数据，探索文化遗产区域研究的数据分析技术手段，为我国其他大尺度遗产区域的研究分析与规划设计提供了重要参考及思考路径。

本书探索了北京明长城军防聚落遗产体系以及长城沿线区域"自然–文化"整体关系的理论思考，挖掘和扩展了长城文化遗产的"综合性"内涵。这本书立足遗产数据科学，探索大尺度遗产区域保护发展的研究前沿，希望本书的出版能够给相关研究领域的专业人士提供借鉴与参考。

目录

第1章　绪论　001
　1.1　"京津冀长城课题"与本书的写作缘起　003
　1.2　北京长城军防聚落的独特性与综合性　004
　1.3　长城聚落体系的区域性与综合性　009
　1.4　本书的结构　013

第2章　北京明长城军防聚落分布与选址研究　015
　2.1　聚落自然环境特征　016
　2.2　聚落空间分布特征　028
　2.3　聚落选址与堪舆类型　035

第3章　长城军防聚落空间单元与布局模式研究　043
　3.1　长城沿线总体军防格局　045
　3.2　古北路交通格局与军防空间单元　054
　3.3　古北路"一沟三营"军防空间布局模式　058

第4章　长城军防聚落与建筑研究　069
　4.1　城廓规模形态与城防建筑　071
　4.2　街巷、街廓与院落　083
　4.3　公共建筑布局与类型　089

第5章　基于SDG的长城沿线可持续发展适宜性评价　097
　5.1　发展适宜性评价理论与方法　099
　5.2　评价指标体系与空间分布特征　106
　5.3　发展适宜性类型识别与策略研判　119

V

第6章　自然与文化融合的长城沿线区域景观特征评估 ... 135
6.1　自然与文化融合的景观特征评估方法 ... 137
6.2　景观特征类型分类与整合 ... 143
6.3　景观特征类型识别与描述 ... 151
6.4　基于景观特征评估的管理策略 ... 157

第7章　基于MCA与MCR方法的长城沿线遗产廊道体系构建 ... 161
7.1　基于最小累积阻力模型的长城遗产廊道构建 ... 163
7.2　基于多中心评价模型的遗产廊道分级特征 ... 170
7.3　遗产廊道类型识别与规划策略思考 ... 175

结语 ... 183

参考文献 ... 191

附录1　北京长城城堡信息总表 ... 199

附录2　北京长城军防聚落及环境平面图 ... 204

附录3　北京长城军防聚落相关古地图 ... 219

致谢 ... 235

第1章
绪 论

西汉政治家晁错于公元前168年向文帝上书抵御匈奴的战略，曾对长城沿线防御政策有精彩的论述[1]：

"往来转徙，时至时去，此胡人之生业，而中国之所以离南亩也。……陛下幸忧边境，遣将吏发卒以治塞，甚大惠也。然令远方之卒守塞，一岁而更，不知胡人之能，不如选常居者，家室田作，且以备之。以便为之高城深堑，具蔺石（滚石），布渠答（铁蒺藜）……以陛下之时，徙民实边，使远方亡屯戍之事，塞下之民父子相保无系虏之患。"

北方边境的安全问题，一直以来是困扰历代中原王朝及其战略家的难题，面对游牧文明"往来转徙，时至时去"的生活和进攻特点，中原王朝"发卒治塞、一岁而更"的方式终究是疲于应对。为此，晁错基于中原农业文明的优势，提出了一个当时颇具创新的策略："常居"，即以定居为手段，将防御工事建造、农业经济生产和边境社区缔造的综合战略目标结合起来，这正是长城沿线军防聚落形成的基本逻辑。

"聚落"一词，最早出现于《汉书·沟洫志》："或久无害，稍筑室宅，遂成聚落"[2]。广义上讲，任何形式的住所，从一栋房屋到一座城市，都是聚落[3]。不过，不同于因人口聚集而自发形成的定居点，因边防目的有意迁徙人口、总体规划形成的军防聚落有着区域性、综合性的突出特征。从军防聚落诞生之初，这些聚落的区域发展综合意义就十分突出，并一直延续到当代。这种延续性体现在两个方面，一方面，长城沿线聚落数量多、类型丰富、价值突出、分布广泛，成为北方重要的地方文化资源和文旅经济发展载体；另一方面，长城沿线自古以来就面临经济发展滞后、生态环境脆弱[4]等问题，这些问题也一直延续至今。其中，长城沿线紧邻"燕山-太行山区""吕梁山区""六盘山区"三个国家集中连片贫困区，是北方贫困县最集中的地区，也是生态环境脆弱敏感、地质灾害风险高发区域[5]。

---

[1] 班固. 汉书（传十九《爰盎晁错传》）[M]. 北京：中华书局，2007.
[2] 班固. 汉书（志九《沟洫志》）[M]. 北京：中华书局，2007.
[3] MAYHEW S. 牛津地理学词典[M]. 上海：上海外语教育出版社，2001.
[4] 董耀会. 生态环境恶劣是长城区域主要问题[J]. 中国林业，2006（20）：6-7.
[5] 详见国务院于2011年印发的《中国农村扶贫开发纲要（2011—2020年）》。

因此，关注由砖石垒砌而成的万里长城边墙固然十分重要，但如果想要以更为宏观、综合的视角理解长城的历史地理逻辑和它对当代发展的意义，去追问长城军防聚落的产生、演变过往及其当代区域发展，就成为一把非常关键的钥匙。本书的写作正是基于对长城军防聚落历史成因与当代发展的关注，笔者在长期的实地考察和文献研究过程中，结合文化人类学视角，围绕长城军防聚落的分布选址特征、沟峪空间结构和聚落建筑形态等开展研究，探索长城聚落遗产保护和区域发展策略。

1.1 "京津冀长城课题"与本书的写作缘起

笔者对长城沿线区域聚落的关注，始于参与张杰教授主持的京津冀长城聚落研究课题，本书的一系列关键分析视角和研究方法，也得益于在课题组和各位师友的交流与研讨。特别是张杰教授的作品《京津冀长城聚落保护与可持续发展——基于遗产与生态耦合的视角》一书，对于本书研究思路的形成至关重要。该作品首次提出了"遗产-生态"耦合单元的理论概念，将其作为分析长城沿线区域的历史地理成因与当代可持续发展的关键视角，探索综合解决遗产保护与可持续发展问题的理论、方法与技术，这一综合性、系统性的研究思路突破了以往将长城视作古建筑或单纯物质文化进行研究的局限性。

在参与该书第2章"沿线聚落遗产特征"的研究与写作过程中，笔者深感长城沿线军防聚落的突出普遍价值，延伸形成了本书内容。本书尝试在该作品基础上，延伸形成3个方面的内容：第一，在该书中，京津冀三地长城沿线区域面积大、聚落数量多，对聚落空间形态的研究局限于其中的两个小节。本书则集中聚焦于北京长城聚落，对其聚落空间布局规律、选址堪舆和聚落建筑进行更为精细化的刻画。第二，该书中提出的"遗产-生态"耦合单元理论概念，成为本书深入研究长城军防格局的概念基础，本书选取古北路重点沟域单元，对其历史形成过程和军防格局特征进行了更为详尽的诠释。第三，该书提出的长城数字孪生平台为长城沿线智能决策指明了方向，而本书中，结合笔者将文化遗产与大数据研究融合的一系列技术探索，凝练了可持续发展适宜性评价、区域景观特征评估、遗产廊道体系构建等系列具体问题。具体而言，本书聚焦于地理空间信息技术与文化遗产学的交叉前沿，尝试探索了一系列具体方法与技术的应用潜力，包括使用可视域分析、三角形图解法、空间自相关分析、景观特征评估法、最小累计阻力模型、多中心性评价模型等方法。由于不再受到章节和篇幅限制，这些研究过程、细节和技术手段得以更为细致、全面地展示出来。

文化遗产具有突出的文化属性，以历史学、考古学为基础，结合文化地理学、文化人类学和建筑学的相关视角，构成了遗产的文化分析维度。除文化层面的分析以外，计算机技术的进步为聚落遗产研究和区域发展研判提供了诸多便利和可能性，学术界以数字化支撑文化研究、遗产研究的案例迅速出现，"遗产数据科学"的学术范式逐渐浮现。本书将相关历史文化资料纳入地理信息数据平台，以统计学和地理空间信息分析为手段，分析长城聚落空间结构的规律性特征，分析数字技术支撑下的长城沿线可持续发展与规划设计路径，这种"数字解析"方法，着力弥补文化分析中重定性、轻定量的不足，尝试探索科学分析遗产、支撑遗产区域规划设计的新兴技术手段。不过，理解这一切的前提是，需要改变对长城是一条连续墙体的认知，建立长城区域性和综合性的思维框架，因此，在本书开展具体的分析之前，我们先从历史文献和案例入手，理解长城的纵深性与区域性特征。

1.2 北京长城军防聚落的独特性与综合性

在京津冀长城沿线区域中，北京明长城军防聚落的特殊性体现在3个方面。首先，从区位来看，这里是"首都边疆"，明长城距离首都仅60~100km，因此防卫压力凸显，也意味着其防御强度高。其次，从军镇隶属关系来看，这里是"四镇枢纽"，北京长城是蓟镇、宣府镇、昌镇、真保镇四镇交会之地，为长城布防关键所在。最后，这里是传统聚落精粹之地，目前北京现存140多座长城堡寨，是我国长城聚落分布最为集中的区域之一。

清初顾祖禹在《读史方舆纪要》中提及北京周边纵深性防御网络时曾指出：

"直隶雄峙东北，关山险阻，所以隔阂奚戎，藩屏中夏……居庸当陵寝之旁，古北在肘腋之下，渝关一线为辽海之噤喉，紫荆片垒，系燕云之保障……藩篱疏薄，肩背单寒，老成谋国者，早已切切忧之。"

在顾祖禹的认知中，由于京师与蒙古势力范围颇近，长城的防御如同藩篱有疏密之别，又如同人肩背上的肌肉有薄厚之分，作为中原与游牧民族之间隔阂的长城，其军事纵深战略价值极为重要。因此，在长城沿线结合关隘、城堡等军事要素形成多层次、立体化的军事防御体系，一直是长城军防的题中之义。京师以北、城墙之外的广大区域都是北京军事卫戍体系的重要组成部分，其中，向东北经顺义县（营州左屯卫）、怀柔县、密云县（密云中卫）、石匣城（密云前卫）、古北路城（密云后卫）等一系列县治、卫所，或者向西北，经巩华城、昌平州、南口城、居庸关（延庆卫）、八达岭关城、延庆州正是明廷连通漠北的两条主要孔道（图1-1）。两条孔道之中，京师西北的居庸关，作为明代抵御游牧民族入侵的最后一道长城防线，仅居庸关城本身不足以形成稳固的防御屏障，所以形成了广义的明长城"关沟"防区（图1-2），这也正是北京长城军防纵深性的经典区域。

明朝统治者高度重视长城沿线的防御纵深，在明廷持续不断的经营之下，仅在20余千米的关沟内就修建有岔道城、八达岭、上关城、居庸关城、南口城5处城堡，在关沟周边形成了绵延40余里、包含五道关城和108处隘口的纵深防御体系。其中，仅在居庸关附近几千米处，就形成了四桥、三桥、阴人庵、饮马泉、东院等沿线驿站，饮水点和文化景观（图1-3）。

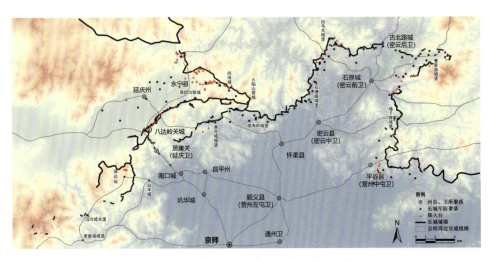

图1-1　明代京师周边军防聚落及其防御纵深性

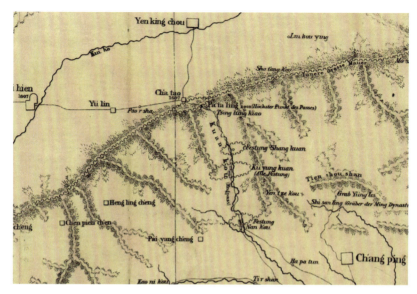

图1-2 北京关沟5处城堡组成的纵深防御体系
（图片来源：1875年Dr. E. Bretschneider[德]绘，*Original Karte der Ebene von Peking und des Gebirgslandes im Westen und Norden der Capitale*，美国国会图书馆藏）

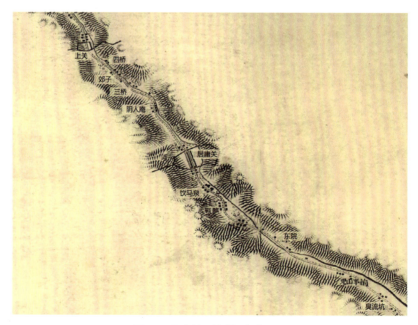

图1-3 居庸关及其附近文化景观
（图片来源：1894年Rikugun. Sanbō Honbu[日]绘，*Pekin kinbō zu*，美国国会图书馆藏）

罗哲文先生在《古迹》一书中指出，"长城的总的布局，绵延万里好像是一条线，然而它并不是一条孤立的线，而是一个防御网的体系……要与周围的防御工事、政权机构（都、县等）密切联系，以致与统治中心——王朝的首都联系起来。长城线上的每一个据点都通过层层军事与行政机构和中央政权机构相联系。"[①]

1981年，我国著名考古学家苏秉琦在《关于考古学文化的区系类型问题》一文中，首次提出了考古学区系理论。他将全国划分为六大区系，其中"以长城地带为中心的北方地区"是其中的一个重要组成部分。苏秉琦指出，这个地区"从东向西包括以昭盟为中心的地区、河套地区、以陇东为中心的甘青宁地区3个部分"，而"长城地带"则成为这一区系的标志性特征，使其有别于其他考古学文化区系[②]。随着时间的推移，历史学、地理学、人类学、生态学等多个学科也从各自的角度对"长城地带"进行了深入的研究和解读。在此过程中，学者提出了"长城带"[③]"长城地带"[④]"长城分布地区"[⑤]"明长城军事防御体系秩序带"[⑥]"长城沿线区域"[⑦]等学术概念。总之，学者对长城的研究由"线"向"面"转变，从关注于孤立的边墙、敌台、烽火台等要素，向将所有要素及其周边区域视作一个不可分割的整体转变。与对长城的"区域性"理解不断加深同时发生的，是对长城遗产"综合性"内涵的不断挖掘和探索。

据吴晗的估算，明朝在九边国防要地部署了大约90万军队[⑧]。长城的军事工程建设，势必要与当地的人居生态环境、经济生产、社会文化等方面的规划建设以及社会工程通盘考虑、同步推进。这一过程中，军事、生态、经济、文化等多个系统相互交织，形成了一个深度耦合的体系。由于人口的定居，带来农业生产、边境贸

---

① 罗哲文. 古迹 [M]. 北京：中华书局，2016.
② 苏炳奇，殷玮璋. 关于考古学文化的区系类型问题 [J]. 文物，1981（5）：10-17.
③ 李凤山. 长城带民族融合史略 [J]. 中央民族大学学报（哲学社会科学版），1993（1）：55-60.
④ 苏秉琦、殷玮璋《关于考古学文化的区系类型问题》一文中将全国分为六大考古文化区系，其中"长城地带为中心的北方地区"为六大区系之一，并由东向西分为：以昭盟为中心的地区、河套地区、以陇东为中心的甘青宁地区。
⑤ 史念海. 论西北地区诸长城的分布及其历史军事地理（上篇）[J]. 中国历史地理论丛，1994（2）：1-25.
⑥ 张玉坤，范熙晅. 明长城军事防御体系规划布局机制研究 [D]. 天津：天津大学，2015.
⑦ 张杰. 京津冀长城聚落保护与可持续发展：基于遗产与生态耦合的视角[M]. 北京：清华大学出版社，2024.
⑧ 吴晗. 读史札记 [M]. 沈阳：沈阳出版社，2020：116-178.

易、山林樵采等一系列社会经济活动。这些丰富的经济社会活动意味着，长城沿线地带在古代不仅仅是军事防御带，同时也担负着农业屯垦、对外贸易、生态保育等一系列综合性功能。在不断发展过程中，长城聚落超越了单一的军事意义，形成了由诸多子系统共同组成的长城聚落体系，主要包括军事防御系统、自然生态系统、农业屯垦系统、商业贸易系统、文化礼俗系统和聚落建筑系统。

明长城作为中国特有的大型线性文化遗产资源，是中国古人利用自然、改造自然的智慧成果，这种大尺度、综合性文化区域如何进行整体保护和建设，在近些年成为重要议题。2019年，中共中央办公厅、国务院办公厅印发《长城、大运河、长征国家文化公园建设方案》。随着国家文化公园建设的推进，长城沿线地区的保护与开发工作得到了前所未有的重视。整合长城沿线的各类资源，促进文化传承与旅游产业的融合发展，有效促进长城沿线地区的城乡规划、基础设施建设和产业布局的优化调整，成为长城国家文化公园建设的题中之义。

明长城军防聚落作为重要的区域性遗产资源，仍面临着遗产破坏严重、生态环境脆弱、经济社会发展水平相对落后等问题，对区域内的遗产保护和区域整体的可持续发展进行综合研究，具有重大现实意义。

首先，在文化遗产保护方面，全国明代长城墙体中有明显可见遗址的部分不到30%，保护较好的部分不到20%[1]，在一些自然条件恶劣或政府管理松散的地方，面临着长城消失殆尽的危机。以往大家的保护关注对象以长城边墙为主，对于活态传承的长城聚落价值的认知亟待挖掘。

在经济社会方面，全国明代长城沿线区域存在发展不均衡、经济发展相对落后等问题，明长城经过"燕山－太行山区""吕梁山区""六盘山区"等国家集中连片贫困区。其中，北京明长城沿线区域位于平谷区、密云区、怀柔区、延庆区、昌平区和门头沟区6个行政区中，而这6个区的乡村地区正是经济社会发展相对落后的地区。其沿线涉村镇数量众多，村落有"三无"村、拆迁村、倒挂村、空心村、传统村等类型。根据2023年北京市统计局数据，上述6个区的常住人口为442.8万，占北京全市人口的20.27%；国内生产总值3 045.3亿元人民币，仅占全市国内生产总值的7.32%；人均可支配收入为49 625.5元，占北京全市人均可支配收入的

---

[1] 数据引用自北京市人民政府2011年发布的《长城（北京段）文物保护单位保护范围及建设控制地带》文件。

64.10%，可以说，北京长城沿线的经济发展水平决定了北京市经济发展的底线。因此，长城沿线区域面临减贫、区域协同与可持续发展的经济社会发展需求。

在生态保育方面，明长城与400mm等降水量线基本重合，沿线区域植被相对稀少，自然条件基础薄弱，生态环境脆弱，对人为干扰的敏感性强，地质环境上是地震、滑坡、泥石流等地质灾害和生态风险的高发区，这直接威胁沿线村庄居民的生命安全和生活质量，也间接影响区域产业发展和经济水平，长城沿线区域亟须探索生态条件制约下的可持续发展路径。

作为中华民族的代表性符号和中华文明的重要象征，长城及其沿线聚落，面临着诸多困境和挑战，但也拥有巨大的发展机遇，对其开展综合性的保护发展研究已迫在眉睫。

1.3 长城聚落体系的区域性与综合性

长期以来，对传统军事聚落的研究聚焦于聚落史、战争史、建筑史领域，取得了丰硕成果，涉及长城聚落[1]、海防聚落[2]、陆海协同军防聚落[3]以及其他区域性防御体系[4]等类型。长城及其聚落遗产的价值研究方面，国内学者从定性和定量角度开展了相关研究，包括长城遗产价值研究[5]、长城防御工程与军事聚落体系[6]、军防体系协同运行机制研究[7]，并形成了北京长城保护规划[8]、长城国家文化公园规划[9]等规划文本成果。

---

[1] 张玉坤，范熙晅，李严.明代北边战事与长城军事聚落修筑[J].天津大学学报（社会科学版），2016（2）：135–139.

[2] 谭立峰，于君涵，张玉坤，等.明代广东海防防御性军事聚落空间布局研究[J].中国文化遗产，2020（3）：103–109.

[3] 王双琳，范熙晅.明长城辽东镇陆海协同军事防御体系布局研究[J].建筑与文化，2020（9）：75–76.

[4] 周政旭，胡雅琪，郭灏.黔中安顺屯堡聚落防御体系研究[J].西部人居环境学刊，2018，33（4）：91–99.

[5] 陈同滨，王琳峰，任洁.长城的文化遗产价值研究[J].中国文化遗产，2018（3）：4–14.

[6] 赵之枫.中国传统聚落保护研究丛书：北京聚落[M].北京：中国建筑工业出版社，2023.

[7] 曹迎春，张玉坤.明长城宣大山西三镇军事防御聚落体系宏观系统关系研究[M].北京：中国建筑工业出版社，2020.

[8] 汤羽扬，刘昭祎.北京长城保护规划编制的思考[J].中国文化遗产，2018（3）：41–47.

[9] 张曼，汤羽扬，刘昭祎，等.长城国家文化公园：重塑建成环境与公众健康的关系[J].北京规划建设，2020（4）：54–57.

伴随着互联网与信息技术的飞速进步，各类学科领域数据呈现出爆发式增长，为长城聚落保护发展研究提供了新的技术可能性。大量科学数据的快速生成、广泛传播及有效组织与保存，已然成为科研工作的有力支持乃至新的基石。早期（17世纪以前）科研活动中，自然科学与社会科学并无明显界限，统一归属于自然哲学范畴。自20世纪60年代起，社会科学定性研究方法应运而生。研究者们逐步从对社会现象的宏观观察转向构建独特概念体系、规范化操作程序的定性分析。随着统计学与数学方法的突破，定量方法被引入社会科学研究领域。这一变革加速了社会现象的量化分析，使研究者能够更加系统地收集与分析数据。在逻辑实证主义与操作实证主义的共同推动下，定量研究在社会科学领域逐渐占据主导地位。20世纪后期至21世纪前叶，第三研究范式兴起，其重点在于对社会的仿真研究，倾向于将定量和定性方法相结合，以充分利用前者两种方法的优势。当前，社会科学研究正经历从定性、定量、仿真向大数据研究的第四研究范式转型。从21世纪初至今，大数据驱动的第四研究范式将颠覆传统的假设驱动研究方法，转向依赖科学数据挖掘的新方法，从而在预先积累大量数据的基础上，通过计算揭示先前未知的理论。在社会科学研究的历史演变过程中，四种研究范式相互融合，弥补各自不足，在认识论与方法论层面逐渐形成"通宏洞微"的连续谱。

2019年，中华人民共和国科学技术部、中共中央宣传部、中央网络安全和信息化委员会办公室、中华人民共和国财政部、中华人民共和国文化和旅游部、国家广播电视总局6部门印发《关于促进文化和科技深度融合的指导意见》指出：以数字化、网络化、智能化为技术基点，重点突破新闻出版、广播影视、文化艺术、创意设计、文物保护利用、非物质文化遗产传承发展、文化旅游等领域系统集成应用技术。2019第二届中国文化计算大会在北京举行，正式定义了文化计算（cultural computing）：利用社会计算、大数据、人工智能等技术与人文、历史等学科相互交叉融合，实现文化内容挖掘传播、推动数字人文研究、促进文化繁荣发展的技术手段。《北京文化科技融合发展报告（2021—2022）》的发布，以推动北京文化科技融合、实现文化高质量发展为目标，探索研究北京文化科技融合发展的成效问题、最新趋势与有效路径，也重构着"文化-技术"的内在逻辑和关联。文化与科技融合的趋势已是时代的潮流，探索计算机技术在文化领域中的应用已成为重要研究趋势。

目前围绕聚落遗产研究，国内外已有一系列量化解析技术。国外聚落形态研究始于19世纪，在聚落空间形态定量测度方面形成了一系列类型划分标准和相关指标体系[1]，将聚落划分为规则型、随机型、聚集型、线型、低密度型、高密度型等不同的空间类型[2]。从研究方法来看，研究涉及聚落空间形态特征提取[3]、聚落形态量化解析方法[4]、传统村落类型谱系量化研究[5]、图式语言的聚落空间解析[6]、聚落形态的耦合规划方法[7]、聚落空间形态基因库[8]、"聚落特质区划与个体识别"方法[9]、"三生"系统空间分类解析方法[10]、多源遥感数据的历史都城特征谱系研究、传统民居基因识别与图谱研究[11]、时空间演化机制研究[12]等。前沿技术手段包括：地理信息系统（geographic information system, GIS）[13]，基于光学遥感的房屋自动识别（automated detection of house, AHD）技术[14]，局部方向模式（local differential privacy, LDP）和灰度共生矩阵（gray-level co-occurrence matrix, GLCM）技术[15]，历史风貌数字链系统[16]等。

---

[1] ROBERTS B K. Rural settlement in Britain[M]. London: Hutchinson, 1979: 5-36.
[2] HILL M. Rural settlement and the urban impact on the countryside[M]. London: Hodder&Stoughton, 2003: 5-26.
[3] 李哲，李严，赵曙光. 建筑低空摄影[M]. 天津：天津大学出版社，2016.
[4] 戴晓玲，浦欣成，董奇. 以空间句法方法探寻传统村落的深层空间结构[J]. 中国园林，2020，36（8）：52-57.
[5] 苑思楠. 传统城镇街道系统的空间形态基因研究[D]. 天津：天津大学，2012.
[6] 许广通，何依，王振宇. 历史城区结构原型的辨识方法与保护策略——基于荆襄地区历史文化名城保护的相关研究[J]. 城市规划学刊，2021（1）：111-118.
[7] 舒波，张阳，张睿智，等. 基于在地性的彝族地区城市设计策略初探——以喜德县城市更新为例[J]. 华中建筑，2021，39（4）：67-71.
[8] 王翼飞，袁青. 基于形态基因库的乡村聚落空间风貌传承与优化研究——以黑龙江省乡村聚落为例[J]. 规划师，2021，37（1）：84-92.
[9] 张斌. 少数民族聚落景观演变的文化驱动机制解析[J]. 风景园林，2018，25（11）：112-116.
[10] 张焕，丁豪，王珂，等. 基于人聚行为的传统渔村公共空间变迁研究——以舟山群岛塘头村与白沙村为例[J]. 城市建筑，2019，16（10）：3744.
[11] 李世芬，况源，王佳林，等. 渤海南域乡村民居建筑基因识别与图谱研究[J]. 建筑学报，2022，25（S1）：219-224.
[12] 黎启国，郭树志，许召敏. 我国近现代工业遗产时空间格局特征研究——基于全国重点文物保护单位视角[J]. 南方建筑，2022，213（7）：44-54.
[13] SEVENANT M, ANTROP M. Settlement models, land use and visibility in rural landscapes: Two case studies in Greece[J]. Landscape and urban planning, 2007, 80(4): 362-374.
[14] ASMAT A, ZAMZAMI S Z. Automated house detection and delineation using optical remote sensing technology for informal human settlement[J]. Procedia-social and behavioral sciences, 2012, 36: 650-658.
[15] SHABAT A M, TAPAMO J R. A comparative study of the use of local directional pattern for texture-based informal settlement classification[J]. Journal of applied research and technology, 2017, 15(3): 250-258.
[16] 唐芃，王笑，华好. 解码历史——宜兴丁蜀古南街历史风貌保护与更新中的数字技术与实践[J]. 建筑学报，2021（5）：24-30.

文化遗产的数字孪生平台方面，随着计算机图形学的研究，三维GIS技术得以实现，如国外的Google Earth, Virtual Earth, Skyline, 国内的Super Map, Geo Globe, EV-Globe等，三维GIS技术的发展为建立遗产数字孪生平台，实现遗产数字化动态监测提供了可能。地理信息系统技术的发展为海量地学数据的组织、展示和分析提供了不可替代的思路与方式[1]。近年来，在遗产保护领域，基于地理信息系统的集成平台等数字技术的应用也日渐普及，包括历史街区和古村落保护管理信息平台[2]，大运河历史文化环境保护支持系统[3]，基于空间信息技术的村落文化保护研究[4]等。长城领域已经形成"云游长城"实景三维数据[5]、京津冀长城聚落数字孪生平台[6]等一系列前沿成果。

在文化数字化领域中，笔者特别关注数据驱动的城乡遗产保护与更新领域，力求遗产保护、可持续发展议题与数字技术的融合探索，运用数据分析与可视化技术搭建遗产学科的数据模型和科研工作流：①多源数据的采集与存储，实现快速的数据访问及精准搜索，通过卫星遥感、低空无人机、实地调研测绘、用户生成数据爬取等多种手段收集、集成多元数据，为区域遗产智能规划决策提供数据底盘。②海量数据的全链条管理，即实现多源异构数据的获取、融合、分析、管理及分享。在本书中笔者及团队利用ArcGIS软件平台，将所得到的长城遗产信息进行整理并可视化，建立北京市明长城遗产资源数据库，并进行空间定位分析，作为后续研究的数据信息储备。③数据密集型科研范式革新了传统的数据分析手段，使科研人员能够在建筑单体、历史街区、历史城市、历史区域等不同尺度，借助人工智能技术进行数据挖掘。④通过数据的可视化的方式对北京长城沿线进行多维度评价和展示，从而形成界面友好、展示生动的交互界面。

---

① 翟巍.三维GIS中大规模场景数据获取、组织及调度方法的研究与实现[D].大连：大连理工大学，2003.
② 胡明星，董卫.GIS技术在历史街区保护规划中的应用研究[J].建筑学报，2004（12）：63-65.
③ 毛锋，王凌云，周文生，等.大运河历史文化环境保护支持系统[J].清华大学学报（自然科学版），2007（9）：1401-1404.
④ 党安荣，马琦伟.传统村落保护的信息技术方法[J].中国建设信息，2013，530（11）：50-53.
⑤ 罗群，卢旭.创新理念：探索数字文保新路径[N].中国文化报，2022-07-04（003）.
⑥ 张杰，蒋捷，郭贤，等.2022SR1568075[P].京津冀明长城聚落遗产保护与可持续发展数字孪生平台[软件].2021.5.9.[2024.3.23].国家版权局.

1.4 本书的结构

长城分布于我国15个省(自治区、直辖市)的404个县（市、区）。其中，北京明长城[①]是目前保存最完好、价值最突出、工程最复杂的长城区段，也是中国长城最杰出的代表和长城国家文化公园建设的重要载体。

本书所称的"长城军防聚落"是指由于长城的军事防御功能需要而形成的人类聚居地，具体而言，这一对象涉及镇城、路城、营城、堡寨、卫所等，而本书书名中的"北京长城军防聚落"，将研究对象限定为分布于今北京市的142个长城城堡聚落（详见附录1、图1-4）[②]。这些聚落的地理信息采集于北京市《第三次全国文物普查不可移动文物登记表》与《北京市长城文化带保护发展规划（2018年至2035年）》，在此基础上，根据《九边图说》《四镇三关志》《中国长城志》等相关文献中的明长城文字描述与古地图进行历史考证，结合实地踏勘对聚落及其建筑进行测绘和研究。本书的区域发展涉及聚落周边的生态环境、经济活动，因此会从聚落建成区

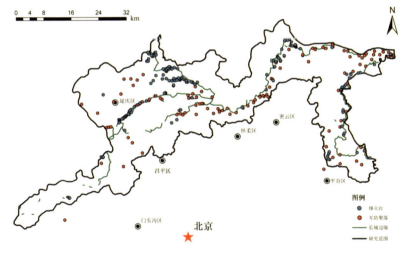

图1-4 北京长城军防聚落及其沿线区域

---

① 根据2012年国家文物局长城资源认定，北京明代长城边墙总长474.06km，北齐长城46.71km。2022年以来，北京市考古研究院围绕北京市早期长城资源勘测开展了一系列工作，共记录了208处北齐长城遗产。由于早期长城及其聚落遗产资源的数据还在持续优化，本书主要聚焦于明长城军防聚落研究。
② 由于州县治所的城池规模和空间形态自成特色，故而长城沿线的州城、县城并未纳入本书研究范围，如延庆州城、昌平州城、密云县城等。

延伸出来，将其所在的周边地理环境整体纳入研究范围，具体而言，采用《北京市长城文化带保护发展规划（2018年至2035年）》所划定的北京长城文化带范围[①]，面积约4 929.29km^2，该区域以燕山和太行山两大山脉为基底，以潮白河、永定河、温榆河和泃河四大水系为脉络，以长城墙体为主线，呈带状展开，涉及延庆区、门头沟区、昌平区、怀柔区、平谷区、密云区6个区，约占北京市域面积的30%。

本书的研究方法，特别重视定性分析与定量分析的结合。文化解析与数字解析作为两种性质迥异的分析工具，常常互相支撑、互为补充。这里的文化解析，包括文化地理学、文化人类学、建筑类型学、历史学、考古学等一系列经典学科与方法。而数字解析，则涵盖了数理统计、地理信息系统和计算机技术等内容。为了读者阅读方便，这里特别将其中的数字解析内容进行整体说明。

本书共分7章，除第1章绪论进行整体的学术史回顾之外，第2~4章，针对长城聚落的空间分布、军防格局和聚落形态进行分析，其中以定性分析为主、以定量解析为辅。其中：第2章聚落空间分布特征，使用地理信息系统对高程、坡度、坡向、水环境开展数理统计分析，探究了聚落空间分布特征和选址规律；第3章对长城军防聚落空间格局特征进行研究，重点分析了沟域单元在长城沿线军防格局中的关键角色，然后以古北路长城为典型案例，研究其多层次的军防空间单元特征，进一步使用地理信息平台可视性分析工具，提炼基于军情传递模式的军防空间结构；第4章对军防聚落的规模和形态进行了一系列统计分析，然后对街巷格局、街廊尺度和院落空间组织进行了一系列测度和分析。第5~7章，针对长城沿线区域发展的适宜性评价、景观特征评估、遗产廊道构建开展研究，研究过程以定量的数据驱动方法为主，定性方法为辅。其中，第5章以层次分析法、三角形图解法和空间自相关分析等方法，分析长城沿线沟域发展适宜性及其所属类型，从而提出针对性发展策略；第6章以地理信息系统的叠加分析为手段，研判自然与文化融合的长城沿线区域景观类型特征，并提出基于景观特征评估的管理策略；第7章则将原本应用于动物迁徙廊道计算的最小成本阻力法应用于构建文化遗产廊道，再以道路中心性方法和核密度法，研究遗产廊道分级和分类，并讨论了长城遗产廊道的规划策略。

---

① 根据《北京市长城文化带保护发展规划（2018年至2035年）》，北京长城文化带包括核心区和辐射区，其中，核心区为长城遗产保护范围和一类建设控制地带，面积2 228.02 km^2；辐射区为除核心区以外的其他区域，面积2 701.27 km^2。

第 2 章
北京明长城军防聚落分布与选址研究

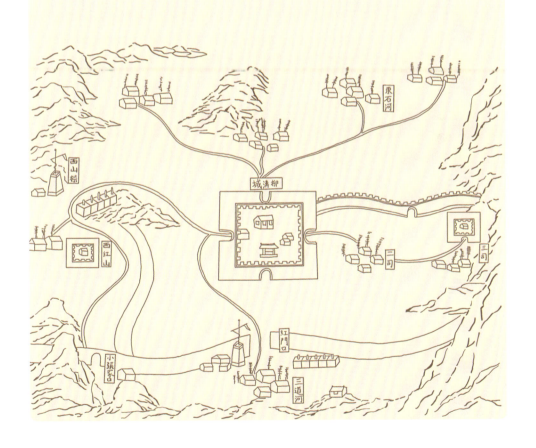

由明代军事家茅元仪编撰的《武备志》①是中国古代卷帙最多、门类最齐全的军事百科全书。其中堡约一章的开头写道：

"堡置者，非无置之难也，置得其所之难也。夫左背山陵，右前水泽，古之行军，莫不择地，而况城堡以居乎。故首约堡置……"

堡约一章主要总结了明代城堡的设防和营建标准，将城堡选址置于篇首，足见选址在聚落营建中的关键地位。

在北京明长城军防体系中，各级军防聚落以山水为脉依次分布，形成了精巧的聚落防御网络。本章意在研究北京明长城军防聚落的选址，探求长城军防聚落的自然环境和空间分布特征。在2.1节中，笔者使用GIS工具，从统计学意义上分析长城军防聚落的高程、坡度、坡向及水环境特征。在2.2节中，对军防聚落、边墙、敌台、烽火台进行核密度分析，揭示出长城军防聚落的分段分布特征和纵深分布特征。2.3节，笔者在微观尺度上，对军防聚落选址、聚落微地形的类型进行归纳，并以具体案例来分析长城军防聚落的堪舆特点，尝试归纳出军防聚落的一系列典型堪舆模式。

在绪论中，本书已提到研究所用到的数据及其来源。本章所采用的研究数据主要包括北京市明长城遗产信息和基础地理数据两部分。北京市明长城遗产包括长城墙体、烽火台、敌台、城堡等。在绪论所论述的数据来源的基础上，确定北京市明长城有烽火台153座，敌台1 449座，城堡142处。基础地理数据为数字高程模型（digital elevation model，DEM）、河流和行政区划等信息。

2.1 聚落自然环境特征

其中地形环境是影响军防聚落选址的主要因素，包括周围水源状况、地形开阔程度、地形高低起伏等。对此，明人对影响军防聚落选址的自然因素已有深入思考，如前文提到的茅元仪所著的《武备志》堡约一章提到了在进行军防聚落选址时的4种自然因素：

---

① 茅元仪. 武备志[M]. 海口：海南出版社，2001.

"……其目有四，一依高。高者，丘阜山陵之类也。军防聚落依之，利于设险，然高有宜依，亦有宜避……二避泽。泽者，卑湿斥卤之地也。土理既疏，置基不固，寒暑冻解，隳溃必多……三避冲。冲者，卤出入必经之路，……四避壅。壅者，风行沙流之地……"

从以上《武备志》中的论述可知，古人在对军防聚落进行选址时，首要考虑的便是如何利用自然条件来提升军防聚落的防御性，由此产生了对于选址的高程、水系、地势和土壤条件几个方面的思考。本书节从此角度切入，将地理信息系统（GIS）空间分析技术运用到北京市明长城军防聚落的自然环境特征研究中，分别从军防聚落高程特征、坡度特征、坡向特征以及水环境特征4个方面进行分析，探究自然环境对军防聚落分布的影响。

2.1.1 军防聚落高程特征

北京市西部、北部和东北部三面环山，军防聚落大多位于山地，海拔较高，地形复杂。在地理信息平台中将DEM数据图层叠加至军防聚落点数据图层，得到北京市军防聚落高程分布图（图2-1）。

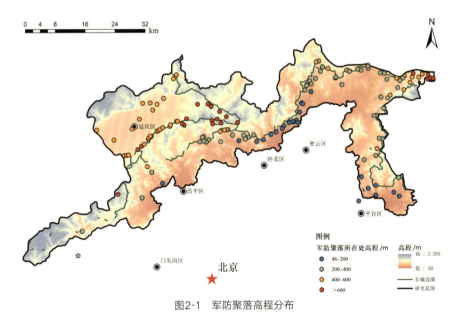

图2-1 军防聚落高程分布

在此基础上，我们可以绘制出军防聚落高程特征分布图（图2-2）和箱线图（图2-3）。从图2-2可以看出，高程200～400m的聚落数量最多，有56处；高程400～600m的聚落数量次之，有43处；高程在0～200m和600～800m的聚落数量较少，均有20多处；800m以上的聚落最为少见，只有6处。

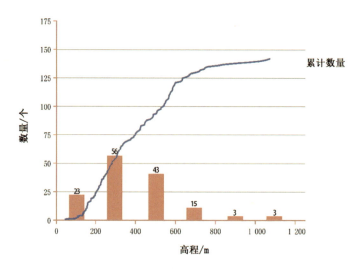

图2-2　军防聚落高程特征分布

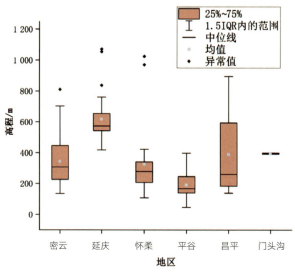

图2-3　军防聚落高程箱线图

对上述结果进行统计分析可知，北京明长城军防聚落的平均高程为404m。由图2-3可知，各区军防聚落的平均高程主要集中于200～600m。军防聚落数量随高程增加表现出倒"U"型趋势，即在200～400m处军防聚落数量达到最大值，而后随着高程的升高，军防聚落数量呈递减状态。在所有142处军防聚落中，有23处聚落位于高程200m处以内，占总数量的16%；有56处聚落位于高程200～400m处，占总数量的39%；有42处聚落位于高程400～600m处，占总数量的30%；只有21处，即15%的聚落分布于高程600m处以上。结合前文提到的"高者，丘阜山陵之类也。军防聚落依之，利于设险"来看，古人在进行军防聚落的选址时，会倾向于利用地势高程巩固军防聚落的防御能力，因此高程在200～400m的军防聚落占比最大。同时随着高程的增加，军防聚落的建设难度增大，军防压力下降，因此400m以上，军防聚落的数量随着高程增加而减少。

根据箱线图（图2-3）可知，绝大部分军防聚落（85%）都分布在高程600m处以内，超三分之二军防聚落（69%）分布在高程200～600m内，延庆区的军防聚落高程均值最高，这是由于延庆区平均海拔较高；密云区、怀柔区、昌平区高程均值其次；平谷区均值最低，所有军防聚落的高程都在400m以内。

从高程分布范围来看，昌平区和密云区军防聚落高程极差最广，其原因在于昌平区、密云区处于平原向丘陵山地的过渡地带，昌平区军防聚落在140~900m高程处均有分布，高程跨度760m，其中半数的军防聚落位于高程200~600m处。密云区军防聚落分布在高程140~700m处，高程跨度560m，其中半数的军防聚落位于高程230～450m处。延庆区、怀柔区、平谷区军防聚落数据分布范围次之，分别为420~760m、100~420m、50~400m，涉及跨度分别为340m、320m、350m，其中近一半的军防聚落分别位于550～630m、200～340m、140～240m，这是由于这3个区军防聚落均分布在丘陵山地。密云区、延庆区、怀柔区均存在异常高值，其中延庆区军防聚落数据的异常值最多，这与少量军防聚落分布于妫川平原北侧的大海坨等山体有关。

2.1.2 军防聚落坡度特征

北京山区地势起伏不平、高差变化大，为考察北京明长城军防聚落与坡度的关系，运用GIS坡度分析工具，以北京市DEM数据图层为基础生成北京市的坡度图层，运用提取分析功能将坡度信息提取至军防聚落点，以研究军防聚落与坡度的关系。根据研究区域的地形特征，将坡度划分为0°~3°（平地）、3°~8°（平缓地）、8°~15°（缓坡地）、15°以上（斜坡地）4类，得到军防聚落坡度分布图（图2-4）。

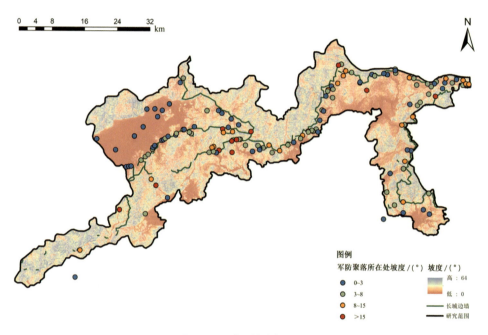

图2-4 军防聚落坡度分布

根据计算结果，笔者绘制了军防聚落坡度特征分布图（图2-5）和箱线图（图2-6），从军防聚落坡度特征分布图可以看出，在8°以内，军防聚落点数量增加最快，8°~15°次之，15°以上军防聚落数量上升速度最慢。由此可以判断，坡度在8°以内的军防聚落数量最多，坡度在8°~15°内的军防聚落数量次之，坡度在15°以上的数量最少。

对结果进行分析可知，军防聚落的平均坡度为6°，且主要集中于15°以内。一般而言，军防聚落布局最理想的区域应为0°~8°的平地与平缓地。在所有军防聚落中，0°~5°的军防聚落有85处，占比为60%；5°~10°的军防聚落有29处，

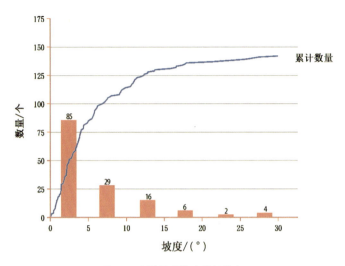

图2-5 军防聚落坡度特征分布

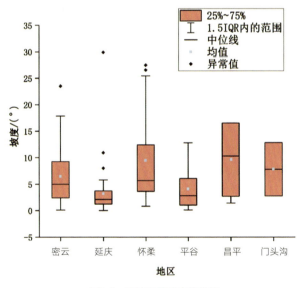

图2-6 军防聚落坡度箱线图

占比为20%；10°~15°的军防聚落有16处，占比为12%；15°以上的军防聚落有12处，占比为8%。坡度大小与军防聚落的建设难度以及交通便利性有关，因此数据结果显示，随着坡度的增加，军防聚落数量逐渐减少。

根据箱线图（图2-6）可知，军防聚落大多数（92%）位于坡度0°~15°内。从军防聚落坡度均值来看，均值范围在3°~10°，其中昌平区的军防聚落坡度均值最高，为10°，门头沟区、密云区、怀柔区其次，坡度均值范围在5°~8°，延庆区、平谷区最低，坡度均值范围在2°~3°，这一方面反映出北京各区的地势差异，同时也反映出当时各区军防压力的差异，关于各区军防压力差异会在后文军防聚落的纵深分布特征一节中提到。

从坡度分布范围来看，怀柔区军防聚落坡度分布范围最广，在0°~25°均有分布，但其中半数的军防聚落分布于3°~13°；密云区、昌平区军防聚落坡度分布范围次之，分别为0°~18°和1°~17°，其中半数的军防聚落分别分布于坡度2°~10°和2°~17°处；平谷区、门头沟区军防聚落坡度分布范围较小，分别为0°~13°和2°~13°，其中平谷区半数的军防聚落分布于坡度1°~6°处，延庆区军防聚落坡度分布范围最小，为0°~5°。密云区、延庆区、怀柔区均存在异常值，即存在高程更高的军防聚落，其中延庆区军防聚落数据的异常值最多，且异常值大多集中分布于太行山脉。

2.1.3 军防聚落坡向特征

坡向即聚落所处地面的朝向，它影响着军防聚落的日照时间和温度。军防聚落一般建在阳坡面，以得到更长时间的日照，并可以规避寒冷西北风的侵袭。本节对北京市明长城军防聚落所处坡向进行分析，可以使我们更深入地了解明朝建造军防聚落时对于坡度的考量。

本节研究的军防聚落不包括坡度小于1°的军防聚落（1处）。将其他141处军防聚落按照坡向划分为8类，分别是：东（坡向为67.5°~112.5°）、东南（坡向为112.6°~157.5°）、南（坡向为157.6°~202.5°）、西南（坡向为202.6°~247.5°）、西（坡向为247.6°~292.5°）、西北（坡向为292.6°~337.5°）、北（坡向为337.6°~22.5°）、东北（坡向为22.6°~67.5°）。基于北京市DEM数据，运用ArcGIS坡向分析功能生成研究区域的坡向图层，并与军防聚落分布图层叠加，再通过提取功能将坡向值提取至军防聚落点，最后加以统计分析（图2-7）。

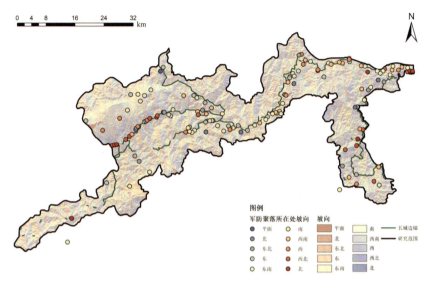

图2-7 军防聚落坡向分布

从整体上看，南坡军防聚落数量多，北坡军防聚落数量少。对上述共计141处军防聚落进行坡向分析后发现，北向军防聚落13个，占比为9%；东北向11个，占比为8%；东向军防聚落18个，占比为13%；东南向军防聚落23个，占比为16%；南向军防聚落25个，占比为18%；西南向军防聚落20个，占比为14%；西向军防聚落17个，占比为12%；西北向军防聚落14个，占比为10%。根据研究区域的地理位置及地形地貌特征，把90°~270°作为阳坡，0°~90°和270°~360°作为阴坡，统计并得到军防聚落坡向柱形图（图2-8）。

在142处军防聚落中，阳坡聚落数量88个，占总数的62%，阴坡聚落为54个，占总数的38%。这是因为阳坡太阳光照充足，为农作物的生长和人的日常生活提供了良好的环境条件，因此军防聚落多位于阳坡。而位于阴坡的军防聚落面向北方，多为长城防御需求下的不得已之举。

2.1.4 军防聚落水环境特征

1. 明长城军防聚落与河流的距离

长城军防聚落存在的首要条件是充足的水资源，因此军防聚落分布多与降水和河

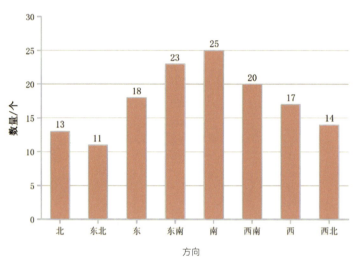

图2-8 军防聚落坡向柱形图

流分布息息相关。根据北京市1978—2010年的平均年降水量空间分布情况（图2-9）可知，军防聚落选址于年降水量390～660mm，春冬整体干旱，夏秋降水充沛。

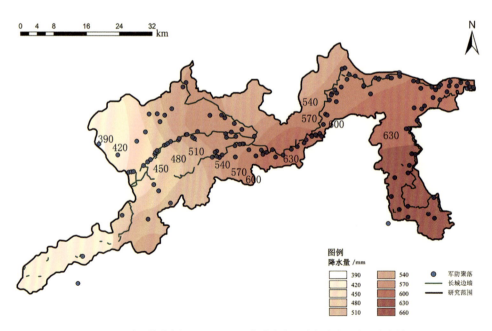

图2-9 军防聚落分布与1978—2010年北京市平均年降水量空间分布关系

本节利用ArcGIS的水文分析功能对北京市进行汇水分析，然后利用空间距离分析功能计算军防聚落与河流水系的最小距离，通过军防聚落分布数量与河流水系的最小距离关系来分析聚落分布情况（图2-10）。

图2-10 军防聚落与河流距离分布

根据计算结果，我们绘制了军防聚落至河流距离特征分布图与军防聚落至河流距离箱线图（图2-11、图2-12）。从图2-11中可知，在距离河流500m以内，曲线上升较快，军防聚落多聚集于距离河流500m范围内，随着军防聚落与河流间距离的增加，聚落数量减少。由此可看出河流水系对于军防聚落选址的重要性。

在所有142处军防聚落中，有87处军防聚落位于距离河流500m以内，占军防聚落总数的61%；有21处军防聚落位于距离河流500~1 000m处，占军防聚落总数的15%；有34处军防聚落位于距离河流1 000m以外，占军防聚落总数的24%。也就是说，有超过半数的军防聚落（76%）分布在距离河流1 000m以内的区域。

根据图2-12可知，军防聚落与河流的距离均值在300~800m，延庆区的均值最高，密云区与怀柔区均值其次，平谷区、昌平区与门头沟区均值最低。门头沟区因军防聚落数量最少所以分布范围最小，密云区数据分布范围最大，而延庆区军防

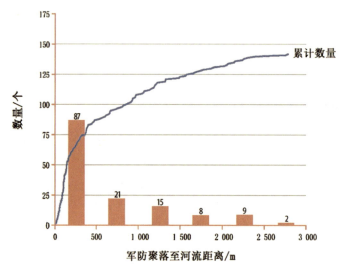

图2-11 军防聚落至河流距离特征分布

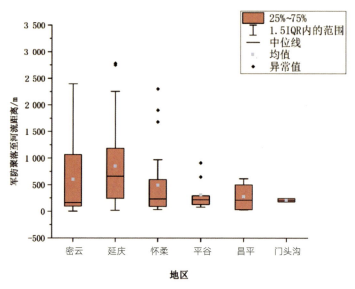

图2-12 军防聚落至河流距离箱线图

聚落数据的异常值最多。这一现象意味着,在延庆区部分军防聚落与河流距离较远(2km以上),一方面这与妫川平原河流密度低有关,另一方面,与这些军防聚落要规避妫川河洪水有关。

军防聚落选临近水源处有两个优势：一是提高水资源获取效率，以便屯田耕种，满足驻军与居住等生活需要，适宜长期居住；二是在河沟处建堡可把守关口，在敌军易侵入的地方驻兵设防，便于及时支援应战，抵挡外来草原骑兵，扼守交通要道、加强防御。例如马营军防聚落与石塘路军防聚落位于白河河道位置，古北口瓮城、上营军防聚落、古北口路城、潮河关军防聚落位于潮河河道位置。

2. 长城军防聚落与水系位置形成的3种模式

在对北京长城军防聚落进行城水距离分析的基础上，依据城水关系，将其分为3种主要类型：水穿城模式、近水建城模式、旱地军防聚落模式。其中水穿城模式的聚落有39个，占总数的27.5%；近水建城模式的聚落有95个，占总数的66.9%；旱地军防聚落模式的聚落有8个，占总数的5.6%。

水穿城模式的军防聚落城廓形态多为异形，大多选址于两山或山水间形成的冲积平原之处。此类聚落内的河道经过多年的治理，大多已经渠化，民居建筑群大多集中分布于河流的一侧或双侧。城墙与水系交汇处设有水门，起到军事防御和水系流通的作用，河流两侧及水门处建有与水神相关的宗教建筑。水穿城模式一方面便于官兵控守河谷，且便于居民生产生活用水；另一方面，与聚落紧密相关的水环境也存在着洪涝灾害的隐患。

近水建城模式的军防聚落城廓形态为相对规整的多边形或矩形。根据水系的等级不同，营建模式也有所区分。位于大河周边的聚落，大多选址于河湾处的冲积平原之上。由于大河水量季节性变化较大，聚落内外的水利设施相对较多，通过筑坝固堤等水利工程为居民生产生活提供保障。军防聚落内外修筑若干水神寺庙，寄托了居民对雨洪安全的美好愿望。位于小型河道周边的军防聚落，与水系保持一个相对安全的距离，附近常修筑蓄水的坑塘。

旱地军防聚落模式的聚落依据地势修建为不规则形状。此类聚落多选址于山顶或山势高点处，起到较强的军事防御作用。但同时也有取水不便的弊端，一般规模较小，在聚落体系中起辅助作用。

北京长城军防聚落城水关系如表2-1所示。

表2-1 北京长城军防聚落城水关系

城水关系类型	模式特点	典型聚落案例		
水穿城	城水距离<1km、城廓多为异形，河道普遍渠化，通常没有水门	古北口	长峪城	居庸关
近水建城（大河周边）	城水距离1~7km、城廓为相对规整的多边形或矩形，水利设施以排水为主	沿河城	潮河关	上营城
近水建城（小型河道周边）	水利设施以蓄水为主	遥峤峪	墙子路	神堂峪
旱地堡寨	城水距离7~30km、城廓以矩形为主，少部分为不规则形状或圆形，选址于山顶或山势高点处	小河口	南寨坡	岔道城

2.2 聚落空间分布特征

在绪论中，笔者指出了长城军防体系的综合性和纵深性特征。在2.1节，笔者通过数字技术分析了军防聚落的自然环境特征。本节将基于地理信息系统，以计算的、实证的方式，讨论军防聚落的空间分布特征。这里的空间分布特征，主要是将长城遗产的各类对象，即边墙、敌台、烽火台、军防聚落进行核密度计算与比较，从而得出了在平行（分段特异性）和垂直（纵深特异性）于边墙的两个方向上，长城遗产存在什么样的空间分布态势。而揭示这种分段特异性和纵深特异性的前提，就是进行长城遗产的核密度分析与计算，具体方法如下。

利用ArcGIS 10.6软件平台，将所得的长城遗产信息进行整理并可视化，形成北京市明长城遗产资源数据库。首先运用最近邻距离法分析北京明长城遗产空间分布格局，识别其分布现象然后运用核密度估计法可视化聚合分布现象。

2.2.1 最近邻分析

最近邻分析（nearest neighbor analysis，NNA）用于分析遗产的空间分布格局，分为聚集分布、随机分布和分散分布。如果平均距离小于假设随机分布的平均距离，则认为被分析对象的分布是聚类的，如果平均距离大于假设的随机分布，则认为分布是分散的[①]。

公式为

$$\text{ANN} = \frac{\sum_{i=1}^{N} \frac{\min(d_{ij})}{N}}{0.5\sqrt{\frac{A}{N}}} \quad (2-1)$$

其中，ANN为最近邻比平均值；d_{ij}为点i与其最近邻j之间的距离；N为遗产点总数；A为研究总面积。

2.2.2 核密度估计法

核密度估计法（kernel density estimation，KDE），用于计算要素在其整个区域的聚集状况，可直观地反应点的聚集程度，核密度估计值越大，则点越密集[②]。

公式为

$$f(x) = \frac{1}{nh} \sum_{i=1}^{N} k\left(\frac{x-x_i}{h}\right) \quad (2-2)$$

[①] WANG T, WANG L, NING Z Z. Spatial pattern of tourist attractions and its influencing factors in China[J]. Journal of spatial science, 2020, 65(2): 327–344.
[②] 薛明月，王成新，窦旺胜，等. 黄河流域传统村落空间分布特征及其影响因素研究 [J]. 干旱区资源与环境，2020，34（4）：94–99.

其中，$f(x)$ 为核密度估计值；$k\left(\frac{x-x_i}{h}\right)$ 为核密度方程；h 为搜索范围，且 $h>0$；n 为研究范围内各遗产点的个数；$(x-x_i)$ 为估值点 x 到测量点 x_i 的距离。

2.2.3 分段分布特征

运用核密度分析法分别对边墙、敌台、烽火台、军防聚落进行线密度估计与核密度估计分析。从结果中可以分析出长城遗产分布呈分段特异性，军防遗产的分布密度与区域的军防强度息息相关。长城边墙的最高密度区位于延庆区西南部和延庆区、怀柔区、昌平区交界处。延庆区、怀柔区、昌平区的边墙为3层人工墙体，密云区、平谷区的边墙以单层人工墙体为主，门头沟区人工墙体密度最低，多为天然险。敌台的密度分布大致与边墙密度分布相同，在延庆区西南部和延庆区、怀柔区、昌平区交界处边墙密度最高的地方，敌台密度也最高。烽火台的分布可分为3个密度等级聚集区，包括高密度聚集区、中密度聚集区及低密度聚集区。高密度聚集区主要分布在延庆区，中密度聚集区主要分布在密云区、平谷区，低密度聚集区主要分布在怀柔区、昌平区、门头沟区。昌平区、门头沟区段长城的军防聚落数量最少，密度远小于延庆区、怀柔区、密云区段。

长城墙体、敌台、烽火台、军防聚落密度的分段分布受历史军事区划的影响。各区军防遗产密度的不同，是历史军事区划中各军镇防御强度不同的体现。《四镇三关志》中有记载：

"是故蓟、昌建在畿辅，实为腹心，东西辽、保则左右臂也。要之，论国势重轻则蓟、昌为最，保镇次之，辽镇又次之。论夷情缓急则蓟、辽为甚，昌镇次之，保镇又次之，此其大较也。"

由此可以看出，长城边防之"九边十一镇"，其各镇依据其地势缓冲与所处地位，防御强度各有不同。

北京明长城包含昌镇，以及蓟镇、宣府镇和真保镇的部分区段。依据《四镇三关志》《中国长城志》以及北京市各区地名志、县志等文献的记载，上述4镇与今6区存在较为复杂的对应关系：真保镇长城主要处于门头沟区；昌镇长城分布于今昌平区、延庆区、怀柔区3区；宣府镇长城主要处于延庆区，少部分位于怀柔区；蓟镇长城主体位于密云区，少量段落分布在平谷区和怀柔区[①]。

属蓟镇与宣府镇管辖的密云区、延庆区、怀柔区、平谷区，单位防御长度的敌台、烽火台、军防聚落遗产总数多，约是属昌镇和真保镇所管辖的昌平区、门头沟区遗产总数的9倍。可见位于防御前线的蓟镇与宣府镇防御强度较高，而属于内防线的昌镇和真保镇防御强度较低。《四镇三关志》中有记载：

"蓟镇之亭障、军队也；昌镇之林薄、廓衍也，皆金汤之利也。保镇拟二镇而渐举之者也，亦将有成效也。"

从中可以得知，蓟镇的防御依仗的是军队，昌镇的防御靠的是其险要地势。由此可见，各段长城军防遗产密度的多少受到军事制度、地理环境等多种因素影响。

从边墙分布来看，密云区的墙体长度最长，延庆区其次，这两处的防御强度也大于其余区。例如，延庆区为宣府镇、昌镇长城所在之处，据《明实录长城史料》[②]记载，宣府镇长城素有大边、二边等说法[③]，为加强边境武备，拱卫明皇陵增设昌镇，宣府镇长城与昌镇长城共同构成3层边墙，既可以抵抗外来草原民族的攻势，又可以看护皇陵（表2-2）。

表2-2 北京各区长城遗产统计

行政区	敌台/个	烽火台/个	军防聚落/个	墙体长度/km	单位墙体长度敌台数/(个/10万m)	单位墙体长度烽火台数/(个/10万m)	单位墙体长度军防聚落数/(个/10万m)
密云	608	48	61	207.76	293	23	29
延庆	437	87	41	170.10	257	51	24
怀柔	286	3	24	72.61	393	4	33
平谷	96	11	10	61.24	157	18	16
昌平	5	2	4	47.49	10	4	8
门头沟	17	2	2	53.44	32	4	4
平均	242	26	24	102.10	190	17	19

---

① 蓟镇长城除主体位于密云以外，马兰路和部分墙子路位于平谷，部分石塘路位于怀柔。
② 何宝善.明实录长城史料[M].北京：北京燕山出版社，2014：131-132.
③ "往时外有大边，内有小边，设险严密，易为保障。岁久颓纪，守臣不能修复。弘治三年止修小边，大边未及用力。大边东自宣府界，西至偏头关。其间旧墙坚固尚堪防御者百五十余里，今欲补葺者半之，改筑者倍之。"（明孝宗实录卷132，2329-2330）

2.2.4 纵深分布特征

为考察北京明长城遗产垂直于长城方向的分布特征，基于ArcGIS邻域分析工具中的近邻分析结果，可以得到军防聚落核密度及至边墙距离图（图2-13）。研究表明，各区军防聚落均表现出一定的纵深分布特性，其中以延庆区最为明显。

为考察军防聚落垂直于长城方向的纵深分布特征，基于ArcGIS邻域分析工具中的近邻分析结果，笔者绘制了军防聚落至长城边墙距离的累计数量图（图2-14）和箱线图（图2-15）。

对军防聚落至长城边墙距离的累计数量图（图2-14）进行分析可知，在距离边墙2.5km的范围内，曲线上升速度最快，说明军防聚落多聚集于至长城边墙2.5km的范围内。在所有军防聚落中，有110处军防聚落至边墙距离在2.5km以内，占所有军防聚落数量的77%；有18处军防聚落至边墙距离为2.5~5km，占所有军防聚落数量的13%；有14处军防聚落至边墙的距离大于5km，占所有军防聚落数量的10%。

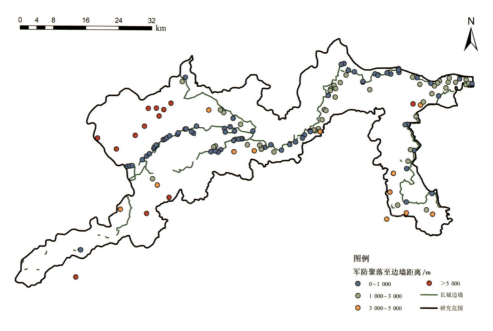

图2-13　军防聚落与边墙距离分布

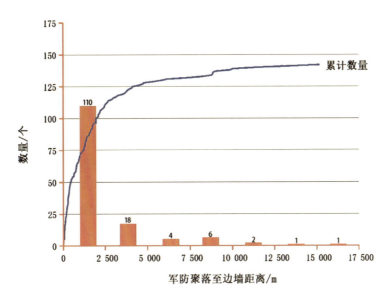

图2-14 军防聚落至边墙距离特征分布

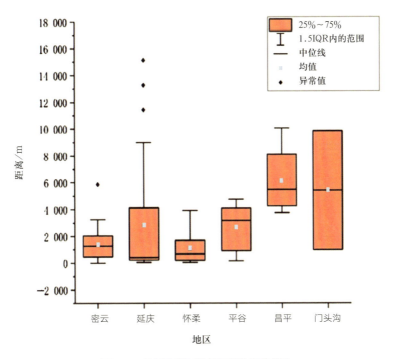

图2-15 军防聚落至边墙距离特征箱线图

根据箱线图（图2-15）对军防聚落纵深特性进行分析可知。军防聚落整体位于至长城1～10km距离内，均值在1.5～7km，其中以昌平区与门头沟区均值最高，延庆区与平谷区均值其次，密云区与怀柔区均值最低，这是因为昌平区军防聚落多分布于居庸关沟，居庸关沟以自身地势为防，人工墙体较少，而门头沟区只有两个军防聚落，且长城墙体较短，因此这两区的军防聚落与长城距离的均值与整体范围较其他区更大，特殊性较高。从数据分布范围来看，延庆区最大，异常值最多，即军防聚落与边墙距离的跨度最大，与边墙距离较大的军防聚落数量最多，在6区中具有很强的独特性；昌平区与门头沟区数据分布范围居中，同时具有一定的纵深防御；密云区、怀柔区、平谷区3区位于蓟镇所辖范围，军防聚落多只具有军事职能，因此多沿边墙建置，因此数据分布范围较小，军防聚落与边墙的平均距离在3km以内。如黑谷关军防聚落，所处位置地势平坦，易攻难守，长城边墙自身防御能力弱，在此处设堡，长城边墙直接作为军防聚落的一侧边墙，加强长城防御强度。

遗产的纵深分布特性是军事防御纵深的体现，各区遗产均表现出一定的纵深分布特性，其中以延庆区最为明显，这与都司卫所制度有紧密关系。明代采用都司卫所军事管理制度，都司卫所分为实土卫所、准实土卫所和非实土卫所，实土卫所指设置于未设府、州、县地区的卫所，这些卫所有一定的辖区，除具有军事职能外，兼理民政，是军事型的政区[1]，其是军事防御纵深的一种特殊情况。《北京市延庆县地名志》[2]载，明时在隆庆州驻有五卫，即隆庆卫、隆庆左卫、隆庆右卫、永宁卫、怀来卫，每卫分五所，即前所、后所、左所、右所、中所，未设府、州、县等行政建置，都司卫所兼理民政，成为地方行政制度的一部分[3]，因此军防聚落多为实土卫所。今延庆区内尚存有永宁卫、隆庆卫两个卫所和四海治、永宁后所两个千户所[4]。延庆区有30%的军防聚落分布于距离长城边墙3km以外处，这些

---

[1] 郭红，于翠艳.明代都司卫所制度与军管型政区[J].军事历史研究，2004（4）：78-87.
[2] 延庆县地名志编辑委员会.北京市延庆县地名志[M].北京：北京出版社，1993：630.
[3] 明朝初期，包括龙庆州在内的居庸关外州县大多废除，居民百姓大批有组织地内迁，关外地土由卫所守护。永乐十二年（1414年），明帝北征瓦剌，"驻跸团山，以斯地厥土旷沃，群山环峙，遂创治州，迁民以实地，命官以莅民。"也就是说，在明洪武初废龙庆州后，四十年内今延庆县地未曾有行政建置。永乐中复设后，仍名隆庆州。
[4] 杨时宁.宣大山西三镇图说[M].正中书局排印明崇祯刻本.北京：北平图书馆，1930：219-220.

军防聚落是明代军事机构"卫所兵制"下的产物，兼有屯田和驻军的功能，其规模用地与耕地有很大关系，因此一般选择地势平坦，耕地、水源充足之地修建，距离边墙较远。此外，为将军事情报信息传至这些军防聚落，需要在军防聚落与边墙之间形成烽传链，与军防聚落共同构成一个烽火传递体系，烽燧同时为长城和军防聚落两处提供军情，军防聚落为烽燧提供后勤补给。

2.3 聚落选址与堪舆类型

北京市西部、北部和东北部三面环山，地形高差起伏较大，以西北高、东南低为主。北京西部太行山脉北段的西山和东北部燕山山脉西段的军都山交错环绕，这两座山脉不仅为北京的地形特征带来了独特的韵味，同时也影响了该地区的气候和自然环境。太行山脉与燕山山脉是北京市重要的生态屏障，也是天然的防御屏障。明朝永乐年间的迁都北京，使得环绕北京市的防御安全变得尤为重要，为巩固北方防务，明时加大了长城的修筑强度与规模，并在长城建设过程中充分利用山川险要等自然地理环境，通过连续的墙体及烽火台、敌台、军防聚落等军事防御设施设防，以达到抵御北方外敌、拱卫京师的军事防御目的。

《史记·蒙恬列传》中点明了防御要塞与所处地形的紧密联系：

"筑长城，因地形，用制险塞，起临洮，至辽东，延袤万馀里。"

由此可看出，自秦时起，古代的军事家们在进行筑城活动时便懂得依靠天险来增强防御效果。上文已从宏观视角，对军防聚落的空间分布与自然因素的关联性进行了研究，本节将进入微观视角，分析聚落内部及周边地形如何影响了军防聚落的选址。

2.3.1 军防聚落选址类型

根据军防聚落与山体的地形环境关系，本节将军防聚落分为3个主要类型，即山峰型军防聚落、河谷型军防聚落和平原型军防聚落。

（1）山峰型军防聚落。山峰型军防聚落多位于山顶或山势高点处，利用周围陡峭山体形成山险墙，三面临谷，居高临下，利于巡视并控制整个山谷，其军防聚落易守难攻。此类聚落所处地形山体连绵，距河道较远，山体之间距离较近，目的是据守山口，控制沟谷巷道，受地形限制，此处可在独峰顶端建设规模较小的军防聚落，或同时包含两到三个山头的大型军防聚落。只占一个山头的小型军防聚落多充当巡视作用，并及时传递军情，如火焰山营城。此外还有包含多个山头和较小谷地的大型军防聚落如古北口路城，古北口是极易通人骑的重要通道，明朝在此类重要山口处设立瓮城、烽墩，沿潮河修筑多处军防聚落，军事布防严密，以保护腹地的安全。古北口军防聚落堡墙沿山脊线砌筑，在两山之间峡口处设关，呈现"两山夹一堡"的布局，居高临下控制水路交通要塞，便可以占据全部交通道路，同时也控制了重要的军事制高点，并且与周围的山体、烽墩等构成多层次的防御系统，使得整个地区的防御力量更加稳固。昌镇多以口设堡，旨在控制敌人主要入侵的通道，军防聚落借助山体地势伸出两翼，兼顾两侧制高点，覆盖一定范围，观察并掌控一定的防御地带，构成了点线结合、相互支撑的城防体系，例如居庸关城、白羊城。

（2）河谷型军防聚落。河谷型军防聚落多位于山谷间宽阔的平地，通过河流水系与边墙上的关口相连。明时常将山脉作为天然的防御屏障，但山脉断层地带江河穿切山岭形成的河谷低地会形成穿越山脉的交通孔道，易成为敌人的入侵廊道，因此军防聚落多建设于此，背缓山而面阔水，一方面可以用高山作为天然屏障，便于控制水路与山口关隘，抵御外来敌军入侵；另一方面靠近水源，不仅满足水资源需求，也为修建城壕提供了便利的引水条件。如潮河关军防聚落，据《四镇三关志》记载："潮河川关，洪武年建，通大川，平漫，通众骑，极冲。"此军防聚落位于潮河水湾东侧，三面被潮河水环绕，东侧靠山，是典型的河谷型军防聚落。

（3）平原型军防聚落。平原型军防聚落即位于地势平坦地区的军防聚落，此类聚落的军防聚落多为方城，平面布局周正，且附有大面积耕地，可驻兵屯田。为了满足屯兵、屯粮的后勤保障功能和军事防御需求，许多军防聚落都选在平坦开阔的平原或盆地地区修建。例如延庆区军防聚落，与其他地区扼守山谷或倚险扼塞的军防聚落不同，多位于平坦开阔之地，难以因山设险，但耕地较多，因此承担了驻兵屯田的功能，城廓形状多呈规则的矩形。如延庆区柳沟城、二司古城等。

2.3.2 军防聚落微地形类型

根据军防聚落微地形的不同,可分为平地建城型、压山建城型和跨山建城型(表2-3)。

(1)平地建城型。平地建城型指在地势平坦的平原地带,或较缓斜坡上建设军防聚落,此类军防聚落多为周正的矩形,地势无太大起伏,并拥有大面积耕地。如关门军防聚落,位于平坦的谷地,军防聚落呈规制的方形。

表2-3 军防聚落微地形类型及其典型案例数字高程模型

军防聚落微地形类型	典型聚落数字高程模型		
平地建城型	司马台军防聚落	关门军防聚落	白马关军防聚落
压山建城型 (一角压山)	上营军防聚落	三角军防聚落	古北口瓮城
压山建城型 (一边压山)	曹家路军防聚落	齐头堡军防聚落	小口军防聚落
跨山建城型	古北口路城	居庸关城	白羊城

（2）压山建城型。压山建城型聚落分为一角压山和一边压山两种类型，即在地势起伏有高差处建设军防聚落，其一角或一边修筑于地势高点，这些堡墙之上通常有供瞭望的角台或角楼，便于将士查看军防聚落周围烽火台等处传递的军情。如上营军防聚落为一角压山型军防聚落，其东北角位于地势高点处；曹家路军防聚落为一边压山型军防聚落，其西北侧城垣沿山脊线砌筑，其堡墙之上设有供瞭望的望楼。

（3）跨山建城型。跨山建城型聚落一般面积较大，城垣通常沿两侧山脊线砌筑，增强了堡墙的险峻之势和防御效果，形成鸟瞰谷地及其道路的军事制高点。如古北口路城、居庸关城、白羊城，军防聚落环坐山头，控制谷地与交通孔道。

2.3.3　军防聚落堪舆特征

中国古代城市的建设与堪舆息息相关，根据中国传统堪舆理论，聚落的选址讲究背山面水、负阴抱阳、藏风纳气。唐代堪舆师杨筠松在《撼龙经》中写道，"*大率行龙自有真，星峰磊落是龙身。高山须认星峰起，平地龙行别有名。峰以星名取其类，星辰下照山成形。*"[①]由此可见"龙脉"对于堪舆的重要性。在堪舆学中，"龙脉"被认为是吉地的重要标志之一，而龙脉前较为平坦的一片区域称为"明堂"，即建造军防聚落的吉地[②]。长城边墙依山就势，沿山脊线修筑，军防聚落多位于阳坡面明堂之处，水系支流附近，避风向阳，控制交通要塞，利用山、地、水等自然元素为聚落建设与防御提供有利条件，这是古代堪舆观和生态观的体现。由此可得，堪舆对长城军防聚落的选址颇具影响。

本节利用ArcGIS平台，对北京明长城军防聚落所处地区的DEM高程数据进行分析，可发现长城军防聚落存在三种堪舆模式：

（1）三台模式。长城军防聚落多依山而建，从清光绪重修《密云县志》收录的密云军防聚落图可知，墙子路城、曹家路城、石匣城、南谷寨等聚落北侧山体往往层峦叠嶂、高低起伏，在城垣北侧则形成主山，其轮廓为三个突起的山头、

---

① 杨筠松.地理点穴撼龙经[M].寇宗谨,注,郑同,点校.北京：华龄出版社,2011.
② 苗苗.明蓟镇长城沿线关城聚落研究[D].天津：天津大学,2004.

呈现中间高耸、两侧低矮的形态，远看势如"元宝"。例如，墙子路城城垣大体为长方形，北墙随山势呈半圆形，北侧主山山峰向南延伸出三条山脊，形成"三台"。这符合中国古代聚落选址的一般规律，在前人著作中称之为"昆仑模式"或"三山模式"[1]，在北京古都选址中，也有中轴线北侧指向三台、景山西望三台的格局（图2-16）。

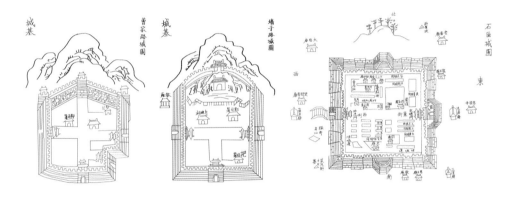

图2-16 民国重修《密云县志》中体现"三山模式"的军防聚落图，从左到右依次为曹家路城、墙子路城、石匣城

（2）十字天心模式。"十字天心"模式是较为理想的聚落堪舆模式。《葬书》[2]中提到，"以左为青龙，右为白虎，前为朱雀，后为玄武"即穴场周边四座山，也称"四神砂"。同时《葬书》中也提出了对四座山山体形态的要求："玄武垂头，朱雀翔舞，青龙蜿蜒，白虎驯俯。"在文献查证和实地探访过程中，墙子路、渤海所、潮河川等均为这一规律。

其中，墙子路军防聚落坐北朝南，南临清水河，军防聚落北墙依山就势。墙子路军防聚落选址于北、南、西侧群山环抱的平坦之地，符合"十字天心"的堪舆模式。《密云文史稿》中写到：

---

[1] 张杰. 中国古代空间文化溯源[M]. 北京：清华大学出版社，2012.
[2] 郭璞. 葬书[M]. 台北：新文丰出版社，1987.

"墙子路城北连北楼山，山顶有敌楼，……舒臂拥城面对南笔架山:三峰相连形似笔架，端庄秀丽，……自城西望，见群峰匍伏，一峰独秀，遍山松柏蔚蔚苍苍，壁立如翠屏者，传说曾有仙人老祖居其上的锥峰山，与之遥遥相对的城之东山，名曰青龙山，山上有烽火墩台，其山形状如龙，昂首神爪，蜷尾，蜿蜒起伏，盘踞于长城关口。以上四山即墙子路真武庙碑文中所载墙子路四景也。"

实地探访可知，墙子路军防聚落南北向大街的延长线，向北经过都司署旧址并指向北楼山，向南指向南笔架山，而东西大街则分别指向青龙山和锥峰山，这些山体成为墙子路相地选址、军防聚落立向的重要依据，并形成了军防聚落四个方向的重要文化景观（图2-17）。

综上所述，北京市明长城遗产的空间格局具有多样性和复杂性，在各区拥有独特性，这种空间结构的形成，是自然环境、历史军事区划、都司卫所制度、历史驿路、文化等因素共同作用的结果。

自然环境分别通过坡度和河流水系影响天然险的分布和军防聚落的选址；历史

图2-17　墙子路军防聚落堪舆模式

军事区划通过各军镇不同防御强度影响遗产密度的分段分布；都司卫所制度是影响遗产纵深分布的一种特殊情况。以上对北京明长城遗产分布特征及其影响因素的分析，对北京长城保护利用有如下启示：

（1）基于遗产分段特异性，突出不同军事区划管理制度下的文化遗产多样性。基于遗产的分段分布特性，应当对北京明长城遗产进行基于历史四镇的分主题、类型化展示，突出不同军事区划管理制度下的文化遗产多样性。例如对密云区遗产的保护，应着重保护其"墙-台-烽-堡"的综合防御体系，突出其强防御特征，而对于门头沟区，则应侧重于该地区天然险与军防聚落紧密结合的"险-堡"军防体系进行整体保护和利用。

（2）基于遗产纵深特异性，**构建沟域纵深遗产保护展示体系**。应当形成北京明长城垂直于边墙方向的"烽堡链"展示内容，保护由不同遗产要素构成的军事纵深防御体系，突出各区段的遗产纵深特征及其独特性。例如对延庆区的保护，因其军防聚落远离边墙，与烽火台共同构成烽传路线，应将军防聚落与烽火台共同作为"烽堡链"加以保护并展示，延庆区军防聚落作为实土卫所兼有屯田和驻军的功能，是历史上都司卫所制度的见证，应当结合周边耕地和河流水系一同加以保护。

（3）基于景观特征评估方法，**构建自然与文化融合的景观特征识别与管理方案**。基于前文对自然因素与长城遗产关系的分析，可知长城遗产的分布与其高程、坡度、河流及其他生态景观特征是高度耦合的，长城遗产及其自然环境形成了关系紧密、特色鲜明的整体。这种基于自然环境和文化要素融合的景观特征类型识别与评估的详细过程，详见本书第6章。

Ken Taylor认为，区域性的文化景观"位于自然与文化、有形遗产与无形遗产、生物多样性与文化多样性的交汇处，是一张紧密交织的关系网"[1]。国内已有专家对长城作为"人地互动文化景观"[2]"明长城军事防御体系秩序带"[3]的遗产价值展开研究，但目前长城遗产保护主要局限于墙体、建筑单体等文物对象，应当对长城文化景观展开系统性研究，整体保护文化遗产与生态景观形成的区域性遗产网络。

---

[1] TAYLOR K, LENNON J. Cultural landscapes: a bridge between culture and nature? [J]. International journal of heritage studies, 2011, 17(6): 537-554.
[2] 陈同滨，王琳峰，任洁. 长城的文化遗产价值研究 [J]. 中国文化遗产，2018（3）：4-14.
[3] 范熙晅，张玉坤，李严. 明长城军事防御体系规划布局机制研究 [M]. 北京：中国建筑工业出版社，2019.

第3章
长城军防聚落空间单元与布局模式研究

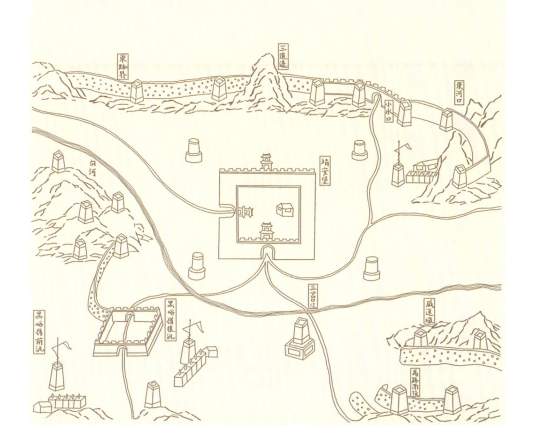

公元17世纪的一天，北巡的康熙帝回銮途中经古北口，写下在古北口长城看到的景象[①]：

    黄谷清河古戍间，銮车此日省方还。
    长林曲抱千溪水，小径斜通万仞山。
    地扼襟喉趋朔漠，天留锁钥枕雄关。
    时平不用夸形胜，云物秋澄斥堠闲。

对于清朝皇帝而言，曾经金戈铁马的长城前线，如今已是"云物秋澄"的古迹，作为帝国腹地的一处名胜被咏叹。在康熙帝的笔下，这一名胜的军事特征和防御属性在他看来仍是如此明显，"地扼襟喉"的区位特征和"天留锁钥"的地形地貌仍在诉说着这里曾有过的军事对抗的紧张局面。这首看似闲云的诗中其实透露出长城军防格局的突出特性，"长林曲抱"暗示了长城军防格局中沟域环境的封闭性，而"小径斜通"则是这一封闭沟域环境中，穿过长城边墙直达朔漠的军事道路所在。

这样的描述在清代古北口诗文中常常出现，康熙的一等侍卫纳兰性德也有一首吟诵古北口的诗作，"乱山如戟拥孤城，一线人争鸟道行。地险东西分障塞，云开南北望神京。"[②]这几句诗直观反映了古人对长城军防格局的空间描述，即山石包围的沟域中，险要狭窄的道路。

第2章对长城军防格局的讨论重在对军防聚落的分布选址进行分析，本章则从地理空间单元角度，分析长城军防聚落的格局特征和区域环境规律。本书所称的空间单元即沟域，或者沟峪[③]，在诸多以长城为对象的古籍地图中，有意或无意地成为长城军防格局的普遍性的表达方式。笔者对长城沟域的关注，始于参与张杰教授

[①] 七言律诗出处为《圣祖仁皇帝御制文集》卷三十八，诗名《回銮抵古北口》。
[②] 诗名《古北口》，作者纳兰性德，字容若，清康熙年进士，这首诗很可能写于其陪同康熙北巡回銮途中。后四句为"新图已入三关志，往事休论十万兵。都护近来常不调，年年烽火报升平。"更见清人对明长城军防之思考与关注。
[③] 古籍地图中，"沟""峪"地名密集出现在长城沿线区域，通常"沟峪"指代长城关口周边的军防区域，是具有历史地理属性的名称。"沟域"作为水文地理学中特定流域地理单元的指称，则更强调当代地理空间意义和经济社会发展的综合属性，为全文行文方便，本书统一使用"沟域"指代这一兼具军方历史和经济地理含义的空间。

主持的京津冀长城聚落研究课题。张杰教授的作品《京津冀长城聚落保护与可持续发展——基于遗产与生态耦合的视角》，首次提出了"遗产-生态耦合单元"的理论，将其作为分析长城沿线区域的历史地理成因与当代可持续发展的关键视角。蔡超将北京明长城的地理环境概括为"两山四水十八沟"，并在此基础上提出沟域文化景观概念[①]，这成为本书深入研究长城军防格局的概念基础。本书选取蓟镇古北路典型沟域单元，对长城聚落的历史形成过程和军防格局特征进行了更为详尽的诠释。

本章的第1节将从古籍地图入手，论述沟域单元作为长城军防格局的普遍性与适用性。随后将以"京师锁钥"的长城古北路为例，开展更为精细化的案例分析。第2节分析沟域视角下的古北口交通格局，和不同层级与类型的军防空间单元与亚单元。第3节利用地理信息系统可视性分析工具，从军情传递的角度对一个军防单元中的军防空间层次和组团构成进行识别，从而得出沟域单元中的军防空间布局模式。

3.1 长城沿线总体军防格局

3.1.1 北京明长城沿线沟域格局

北京明长城的修筑与地理环境有着密不可分的关系。北京位于三面环山、一面开敞的"北京湾"小平原端口，是华北平原与北方山地和高原之间绵长的南北陆路交通线的天然焦点。北京明长城的修筑依附北京北部的燕山山脉和西部的太行山脉，重要关口修建于中、小型自然河道与山口交界的位置。这种地理特点使得长城修筑工程难度大、成本高，但同时也使得长城成为一道难以逾越的防线。明朝在北京地区修筑长城，沿燕山和太行山两山内侧山脊而行；通过东西向的连续墙体及关隘对南北向峡谷隘口形成的天然孔道加以封锁，以实现其环抱北京小平原、拱卫都城的军事防御功能。

---

① 蔡超，连君伊. 北京明长城文化景观"沟域"尺度下景观特征研究[J]. 北京规划建设，2023（3）：12-17.

北京地区与长城有关的主要河流有4条，分别是潮白河、永定河、温榆河和泃河，其中温榆河为北运河水系上源，泃河为蓟运河上源。长城沿线地区中小河流和灌渠众多，长城也多选址于谷中河流穿行的地方修筑。《北京市长城文化带保护发展规划（2018年至2035年）》中指出与长城防御体系的重要关口存在紧密关联的18组自然河道称为"十八沟"，分别为将军关沟、黄松峪沟、镇罗营-熊儿寨沟、红门川沟、黄岩河沟、安达木河沟、小汤河沟、潮河沟、白马关河沟、雁栖河沟、怀九河沟、怀沙河沟、菜食河-新华营河沟、德胜口沟、关沟、白羊沟、长峪-镇边城沟、刘家窑沟。这些沟域正是北京明代长城的主要防御关口。

在明《九边图说》相关地图中（图3-1），长城的诸多军防要素被仔细地描绘，此外一种更为结构性的地理要素——河流——以一种简练但具象的方式将长城沿线的区域性特征勾勒出来，并串联了关口、边墙等一系列军防要素。在由这

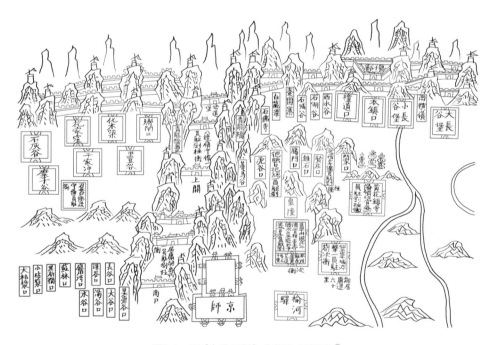

图3-1　明《九边图说》中蓟镇（局部）[①]

[①] 明兵部辑.九边图说.明隆庆时期刊本。

些图画拼接形成的长卷中,主要河流及其主要支流被详细描绘,其中涉及了上述4条主河和十八沟等内容,可见在古人眼中,河流既是取水水源和交通路径的功能性对象,也被当作认识长城周边区域的重要地理标识物,因此成为古人认知长城区域军防聚落格局的观念性工具。在河道与长城的交叉处,一系列关隘被详细地绘制和命名,仅在密云县(密云后卫驻防)附近,就有多达50余处关口被详细描绘出来。

我们将明《九边图说》中位于今北京市范围内的重要关隘标识出来,其中包括以"口"为名的,如南冶口、磨石口等,以"峪"为名的,如大榛峪、熊儿峪等,以"沟"为名的,如沙岭沟、石炮沟等,由此得到了北京长城隘口分布(图3-2)。从空间分布来看,所属四镇的沟域各有特点。距离京师最近的昌镇(包括今昌平区及怀柔区西部)被标识出的沟域分布最密集、防御层次最多,这与昌镇的大通道"关沟"和明十三陵的防卫需求有关。相对远离京师的宣府镇(今延庆区)、真保镇(今门头沟区)被标识的沟域数量明显少一些,且其中宣府镇因采用"实土卫所"制度,其沟域体现出分布稀疏、管辖范围广阔的特征。京师东北方向的蓟镇(今密云区、平谷区)沟域分布也十分密集,但不具有昌镇的纵深层次性特征。

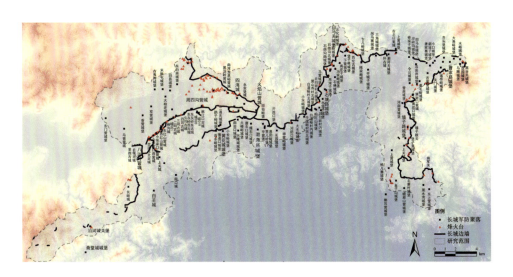

图3-2 北京长城沿线隘口分布

从沟域与长城边墙的关系来看，沟域可分为沿着边墙分布的沟域，以及与边墙有相当距离的腹地沟域两类。在《宣大山西三镇图说》和周边州县志书中，对两类沟域进行了诸多直观描绘，沿边沟域多以军防堡寨为核心，外围烟墩、边墙、敌楼等防御性要素构成辐射状形态，如靖安堡（图3-3（a））。腹地沟域有两种，一种

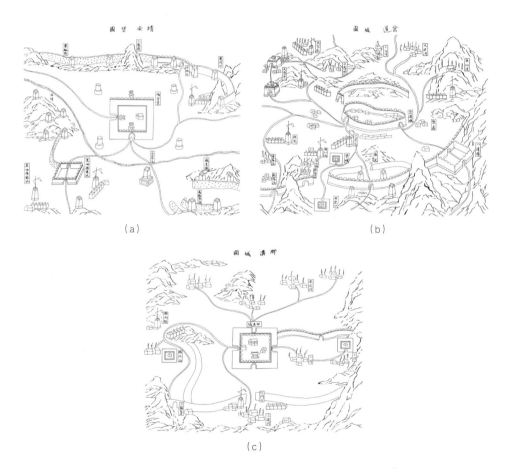

图3-3 清光绪七年（公元1881年）《延庆州志》中的城堡图[①]
（a）靖安堡；（b）岔道城；（c）柳沟城
（图片来源：作者根据原作翻绘）

---

① 张惇德. 延庆州志[M]. 屠秉懿, 修. 台北：成文出版社, 1967.

是处于交通枢纽处的沟域，如岔道城（图3-3（b）），中心为高等级军防聚落，外围以烟墩、挡马墙和低等级城堡等军事据点环绕，体现出四战之地的特征。另一种是位于相对独立的地理单元中的沟域，以军防聚落为核心，周围分布有少量低等级堡寨和大量农业村落，如柳沟城（图3-3（c））。

3.1.2 作为综合型人居环境的长城沟域与沟域单元

从自然资源的角度看，长城沟域内的山、水、林、田、草等共同构成了一个完整的生态系统，为长城沿线村落提供了水源、食物、能源等基本生产和生活资料，是长城沿线村落生存与发展的基础。这些自然资源是长城军防体系的重要物质支撑与组成部分，为长城沿线聚落提供了战略物资和日常生计。长城沿线的关隘、城墙、烽火台等人工建筑与自然环境紧密结合，共同构成了长城沟域的独特面貌，形成了长城沿线聚落的生产生活环境和地理空间实体。这些地理空间实体承载了丰富的人文要素，如人群、文化、历史等。这些要素相互交织，共同构成了一个独特的地理空间实体。

上述所论及的沟域的综合属性，在美国国会图书馆藏的《从北京到牛庄图·马兰峪分图》[①]中有生动的描绘（图3-4）。马兰峪城堡所在沟域中，沿河流依次分布有马兰关、村落、八旗营、马兰峪堡寨、寺庙、米仓等，最北侧是长城边墙和其上的敌台，在关口东侧伸出支墙与主墙呼应，从而形成了形如三角的马兰关城，在马兰关和马兰峪城堡之间，是河道、支流及灌溉形成的农田。这张清晚期的图纸表达了明长城之后的三个变化，首先是清东陵的营建，清东陵的北墙直接使用了明长城主线作为陵墙，其次是马兰关内新设的八旗营和内府八旗营，最后是随着清中晚期的人口膨胀，乡村的建成区已远远超过明代方形堡墙限定的边界，马兰关内的村落也以衙门为中心拓展至较大的范围。尽管发生如上变化，我们仍可由此管窥明代以来长城沟域的大致空间结构，即以军事防御为核心，形成了农业垦殖、水利灌溉、物资存储、行政管理和寺庙礼俗的综合型沟域人居环境。

---

① [日]龙香敬心绘制，从北京到牛庄图·马兰峪分图，1883，美国国会图书馆藏。

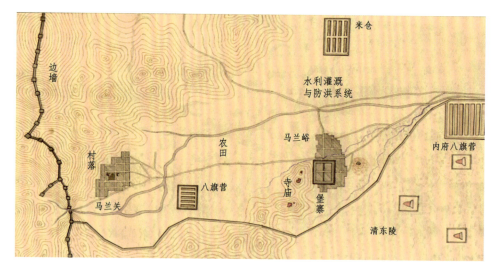

图3-4　1883年马兰峪的发展情况和要素分布
(图片来源：作者在美国国会图书馆藏《从北京到牛庄图·马兰峪分图》基础上标识绘制)

　　以上基于历史地图的沟域分析，可以从当代水文学与地理学的角度进行研究。在地理学中，沟域被视为一种重要的水文地理概念，特指以分水岭为界，由多个坡面组合形成的封闭条带状区域。它通常涵盖了流水地貌的集水区域，具有明确的地理边界。在燕山和太行山等地，由于河流的切割作用，形成了许多独立且封闭的小流域，这些小流域便构成了沟域。

　　沟域不仅是山地生态系统的自然环境单元，更是一个区域性的人居环境单元。针对沟域地理空间单元的研究表明，从文化遗产、生态保护和聚落发展等多角度对明长城沿线的沟域单元进行综合分析，是推动长城沿线区域保护与可持续发展的重要途径[①]。因此，这种沟域分析不应当停留在历史地理的定性描述层面，它是可以通过定量计算来划定准确范围的。张杰[②]、蔡超[③]等在研究中，对沟域进行了边界划定、类型识别等工作。本书延续这一区域性分析方法，划定长城沿线沟域范围，使用定量模型开展经济、生态和文化多维度的可持续发展潜力评估。

---

①② 张杰. 京津冀长城聚落保护与可持续发展——基于遗产与生态耦合的视角 [M]. 北京：清华大学出版社，2024.
③ 蔡超. 北京地区长城文化景观形成与变迁研究 [D]. 北京：北京建筑大学，2023.

3.1.3 古北路沟域单元的代表性与典型性

沟域是分析长城军防聚落格局的基本单元，作为军事防卫重地的古北口沟域，在明廷的高度重视下形成了要素密集、类型丰富、布局复杂的军防聚落遗产体系。接下来，本章将以古北路沟域作为典型案例，以通过个案的深入研究，探究沟域内部多层级多尺度的格局特征和精细结构。

古北口自古以雄险著称，有着优越的军事地理位置，在各代均有丰富的军事征伐和军防建设的记录。《资治通鉴》中，就有五代"乾化三年（913年）……三月拔芦台，军克古北口"的记录，随后在《辽史》《金史》《元史》中，类似的记录不绝如缕。到明代，古北口作为京师向北的两条重要孔道之一，在古文中常"居庸、古北"并称，具有极高的军事战略价值[①]。顾祖禹在《读史方舆纪要》中就指出"居庸当陵寝之旁，古北在肘腋之下"，《密云县志》[②]舆地篇有云："京师北控边塞顺天所属，以松亭、古北口、居庸三关为总要所，古北为尤冲、密云所属。"

基于古北口志书中建制沿革、战事、军防建设、驻军情况等材料的综合分析，古北口长城营建活动集中在战国—秦汉，南北朝—元，明—清3个阶段。

第一阶段，战国—秦汉时期是古北口的初步建设时期。战国时（公元前476年—公元前221年）古北口属燕国，是其都城蓟（通往漠北和东北境的要道）。古北口设立报警的烟墩，用于传送情报。秦汉均属渔阳郡，始设犀奚县，县城建在今古北口潮河西岸。

第二阶段，南北朝—元时期是古北口建设加速期。南北朝时为防止北方柔然、契丹族侵扰，天保六年（555年）在卧虎山与蟠龙山之间的潮河岸修建铁门关，并于天保七年（556年）修筑石砌长城建提携城。唐朝开始，由于战争频发，加速了古北口长城的建设，同时导致古北口的行政建制归属比较复杂。金泰和五年（1205年）筑北口城，元中统三年（1262年）立古北口驿。

第三阶段，明—清时期是古北口营城军防建设的提升期。大规模建设长城边

---

① 为防止游牧民族入侵，明朝在顺天府北侧修筑了长城边墙及堡寨、关口、烽燧等军事防御工事。京师与长城防线间由多条交通孔道连接，其中包括东侧"顺天府–通州–山海关"线、西北方向"顺天府–居庸关"线、北侧"顺天府–顺义–怀柔–密云–古北口"线。

② 臧理臣.密云县志[M].北京：京华书局，1914.

墙，形成了完备的长城军防体系。明朝洪武十一年（1378年）建古北口城，跨山为市，城为菱形，并扩修古北口至山海关段长城。洪武十二年（1379年）设守御千户所，洪武三十年升为后卫，驻参将及重兵守之[①]。清时期行政建制发生变化，康熙三十年（1691年）移直隶提督驻扎古北口，三十二年建柳林营，设总兵。雍正元年（1723年）裁总兵升提督，并修建提督府（图3-5）。

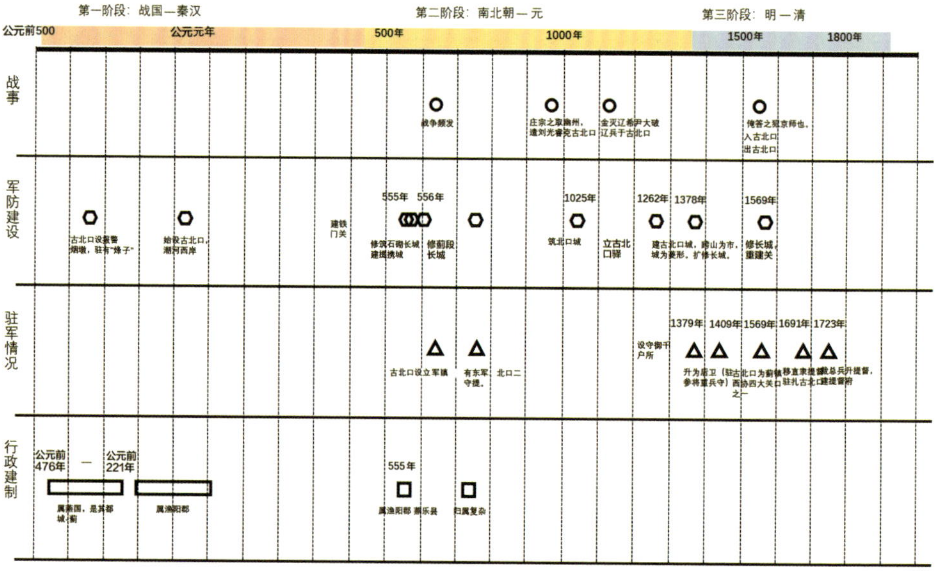

图3-5 古北口战事、军防建设、驻军情况和行政建制的时间分布
（图片来源：笔者根据《读史方舆纪要》《古北口史考》等文献整理绘制）

本章主要研究对象为明长城古北路军防空间，包括22座城堡（包含5座营城堡和17座关、寨城堡）以及17座关口形成的长城军防聚落，及烽火台、敌台、庙宇等要素。其在京师军事防御体系中处在关键位置（图3-6（a））。蓟镇西协长城主体位于今北京市密云区，少量段落分布在平谷区和怀柔区，协守管辖设在古北口及石匣，下辖四路分别为古北路、石塘路、曹家路、墙子路（图3-6（b））。其中古北口关是山海关、居庸关两关之间的长城要塞，为辽东平原和内蒙古通往中原地区的咽喉，地形特殊地位重要，作为本章研究重点。

---

① 《读史方舆纪要》载"密云后卫，在县东北百二十里，即古北口也。"

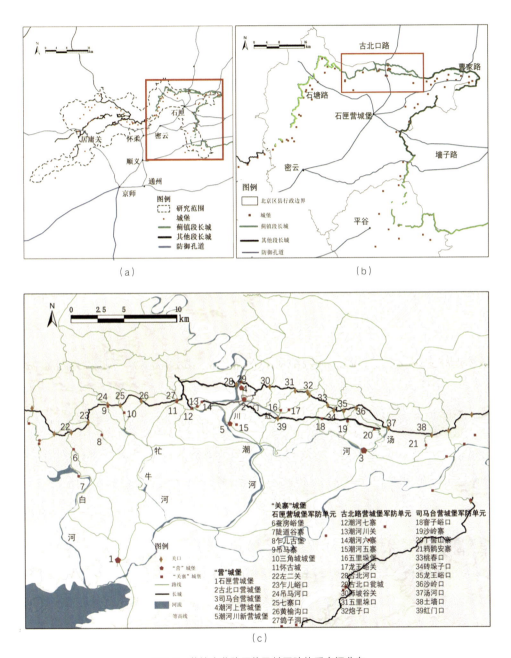

图3-6 蓟镇古北路区位及其军防体系空间分布

（a）京师军防体系及蓟镇西协在其中的位置;（b）蓟镇西协军防体系,下辖石塘路、古北路、曹家路和墙子路,涉及今北京市密云区、怀柔区、平谷区;（c）古北路军防体系要素分布

3.2 古北路交通格局与军防空间单元

3.2节、3.3节对古北口军防聚落格局的分析，所使用的研究数据主要包括北京古北口长城军防要素数据、基础地理数据两部分。北京古北口长城军防要素包括烽火台、敌台、城堡、庙宇，其历史和地理信息采集整理于北京市《第三次全国文物普查不可移动文物登记表》，河北境内烽火台补充数据来源于中国长城遗产网，庙宇与部分城堡缺失数据来源于北京市密云区古北口档案室资料《古北口文物古迹示意图》。因存在历史变迁等复杂情况，军防体系基本信息具有不完整性和不准确性等问题，针对缺损数据，辅以《四镇三关志》《密云县志》《古北口乡志》《明实录长城史料》等志书，对其名称和地理位置等加以考证，并作补充。

基础地理数据为DEM和行政区划等信息。数字高程模型来源于由中国科学院计算机网络信息中心科学数据中心建设的地理空间数据云平台，精度30m；行政区划等信息来源于百度地图，从BIGEMAP影像平台下载。

3.2.1 基于山水形胜的军防路网格局

山水形胜对路网交通及军防格局有直接影响。《读史方舆纪要》[①]载："西路帅驻石匣营，所急着四：曰墙子岭，曰曹家寨，曰古北口，曰石塘岭。其边墙皆依山凑筑，大道为关，小道为口，屯军曰营，列守曰寨。""两崖壁立，中有路仅容一车，下有深涧，巨石磊砢，凡四十五里，为险绝之道。"其影响具体体现在如下3个方面：①白河、潮河、汤河及其沿线构成古北路的交通干道，形成了军防格局的核心骨架。②垂直于边墙的沟域是空间基本框架。此类沟域共17条，一般长度为1.530～6.016km，局部可达18.186km（如白河沟），沟域间横向平均间隔15km。③长城边墙后方5km处有平行于边墙的通道，在沟域后方形成交通联结，便于后勤补给和军事策应。其中，"营城堡"多位于大河与平行通道交叉处，"关"位于边墙和沟域交叉处，"堡寨"位于两者之间（图3-7）。

---

① 顾祖禹.读史方舆纪要[M].锦里龙万育刻本.国家图书馆藏。

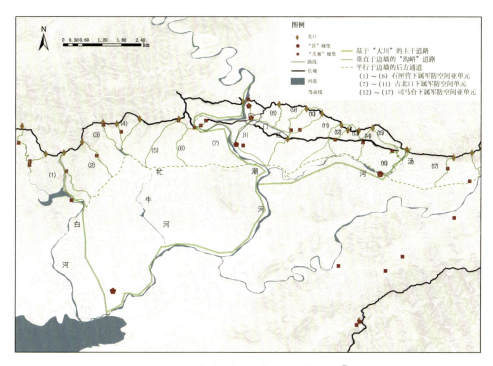

图3-7 古北路军防空间单元各类道路分布①

3.2.2 以营城堡为核心的军防空间单元

基于自然地理因素古北路范围可划分为白河、潮河、汤河沟域3个自然空间单元。经与军防要素比对，该自然单元与军防要素的分布呈现高度耦合关系，由此形成3个以营城堡为核心的军防空间单元，分别为石匣营城堡军防空间单元、司马台营城堡军防空间单元，以及古北口营、潮河上营、潮河川新营形成的"一沟三营"军防空间单元。在《四镇三关志》中，古北路区域历史地图对此形成印证，图中呈现以3条河流为主导的空间单元（图3-8）。

3个军防空间单元共同点在于都以营城堡为节点向前形成发散性道路，呈现出以"营"为枢纽的树枝状防御结构。不同点在于：①边墙的层数不同，石匣营城

---

① 图3-7中包含基于"大川"的主干道路、垂直于边墙的"沟域"道路、平行于边墙的后方通道3种。

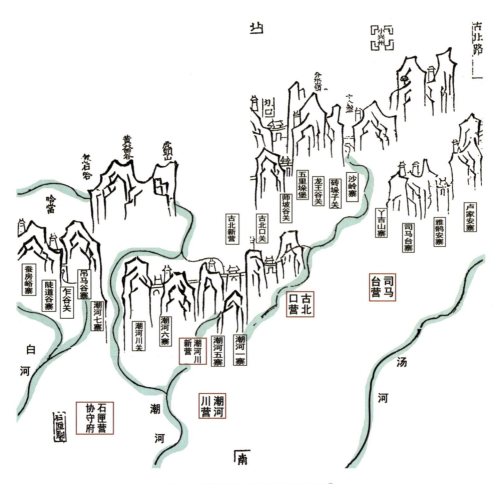

图3-8 明长城古北路军防空间格局①
（图片来源：明.刘效祖《四镇三关志》插图，作者改绘）

堡军防空间单元是单层，古北口营城堡军防空间单元和司马台营城堡军防单元是双层。②营城堡和堡寨与边墙的相对位置关系不同。石匣营城堡和司马台营城堡在边墙、堡寨的后方，古北口营城堡在边墙与堡寨之间。因此这3个军防空间单元呈现出不同的防御强度与空间结构特征。

---

① 图3-8中围绕白河、潮河、汤河分别形成石匣营军防空间单元、古北口营–潮河上营–潮河川新营形成的"一沟三营"军防空间单元、司马台营军防空间单元。

3.2.3 基于"沟-关-寨"的军防空间亚单元

军防要素与水文、环境等自然要素在空间上呈现高度耦合关系，沟域、关口、堡寨在军防亚单元的识别上具有标志性作用。沟域既是自然水源的汇集处，也是垂直于长城的交通线所在，关口和堡寨沿沟域串联分布，与长城交叉处为关，向腹地延伸处为堡寨。结合"沟-关-寨"的自然和军事要素组合逻辑，可识别出亚单元17个（图3-9）。根据营城堡、堡寨、关口、城墙、河流的位置关系，可将亚单元分为9种形态类型，分别为亚单元Ⅰ型-单墙型、亚单元Ⅱ型-单墙单堡型、亚单元Ⅲ型-双墙型、亚单元Ⅳ型-双墙内堡型、亚单元Ⅴ型-双墙外堡型、亚单元Ⅵ型-单墙三堡型、亚单元Ⅶ型-水关堡寨型、亚单元Ⅷ型-双墙双堡型、亚单元Ⅸ型-双墙三堡型（图3-10）。

根据防御强弱不同可以将军防空间亚单元分为两大类。一类是强防御等级的亚单元，包括亚单元Ⅵ型、亚单元Ⅶ型、亚单元Ⅷ型、亚单元Ⅸ型，这些类型每

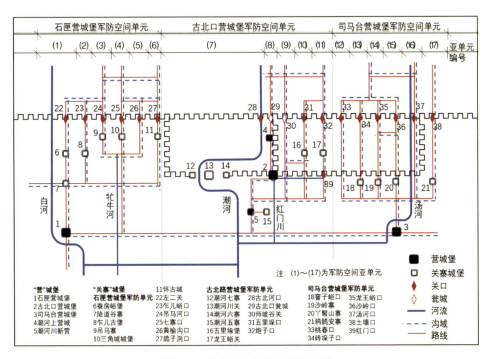

图3-9 古北路军防单元空间分布模式

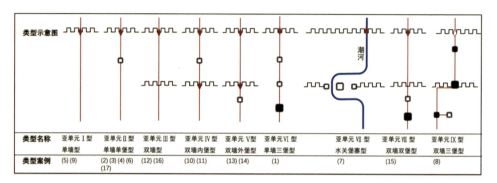

图3-10　古北路军防空间亚单元类型示意图

种各有1个,分别对应石匣营城堡亚单元、潮河川关城堡亚单元、司马台营城堡亚单元、古北口营城堡亚单元。这些均为具有军事指挥与控制性作用的高等级军事单位,所处军防空间结构复杂,层次丰富。另一类是弱防御等级亚单元,包括亚单元Ⅰ型、亚单元Ⅱ型、亚单元Ⅲ型、亚单元Ⅳ型、亚单元Ⅴ型,这些类型共有13个,占到总数的76%。这些防御亚单元所处自然环境不同且军事防御设施数量和相对位置不同,故呈现出不同形态类型。亚单元Ⅰ型和亚单元Ⅲ型的军防设施都只有关口,区别在于前者为单层城墙,后者为双层城墙。亚单元Ⅳ型和亚单元Ⅴ型军防设施包含双层城墙和堡寨,不同之处在于前者堡寨位于城墙之间,后者堡寨位于城墙后方。

3.3　古北路"一沟三营"军防空间布局模式

古北口营城堡曾长期作为蓟镇西协的协城,且古北口营城堡军防空间单元处在古北路3个军防单元的中央,其地理位置与军事作用均十分重要。在空间形态上,由3座营城堡、若干防御要素形成的空间单元,具有高强度军事防御的典型特征。此节将对潮河上营城堡、古北口营城堡、潮河川新营城堡构成的"一沟三营"典型空间单元进行研究,对其军防空间层次、军防组团模式展开深入讨论。

开展军防空间模式研究,首先要对这些军防要素之间的关系进行分析,从而厘清其要素的空间层次与组团模式。军防要素之间的关联性包括军事情报传递、军事打击配合、军事物资供给等不同层面。其中军情传递又包括了敌情向内传递、指挥所命令向外传递两个过程，根据以往学者的研究，军情传递包括烽火、旗语、炮声、军马急递等多种方式，其中视线传递的快速、便捷和低成本使其成为主要方式。因此军防要素的空间视线关系，可以帮助军防要素组团和层次的识别，因此也可以体现军防要素的空间组织逻辑和总体构成模式。本节聚焦于"一沟三营"典型空间单元，首先以敌台、烽火台、城堡、庙宇等长城军事防御体系的构成要素数据及DEM数据为基础，借助ArcGIS空间分析工具，利用可视域分析与多中心评价模型，研究军防要素之间视线的网络中心性特征，归纳军防体系军情传递网络的空间层次与构成模式。

3.3.1 军防空间可视域分析

可视性分析可将能够互视的军防要素联系起来，形成一个总体的网络，而多中心评价模型能够帮助理解某条视线在该视线网络拓扑结构中的重要程度。可视性分析对于理解沟城军防空间模式是基础性的，本节聚焦古北口"一沟三营"典型空间单元，划定东西跨度约4.8km、南北纵深约3.6km的区域作为研究范围。具体范围西至密云365号敌台，东达密云309号敌台，南至潮河五寨，北达河北境内11号烽火台，涉及面积37.5km^2。研究对象为北京古北口长城军防体系要素，包括11座烽火台[①]、55座敌台、7座城堡[②]（含9节点）、9座庙宇[③]（图3-11）。

利用ArcGIS 10.6软件平台，首先运用可视域分析方法分析古北口长城军防体系要素间的可视情况，得到由84个要素节点和526条可视线组成的眺望网络，如图3-12（a）所示。其次基于多中心评价模型测度古北口长城军防体系眺望点

[①] 按照烽火台所处位置，可以将其分为9座位于边墙北侧的前线烽火台和2座位于边墙南侧的烽火台。2座位于边墙南侧的烽火台，清代《密云县志》称之为大花楼、二花楼。
[②] 七座城堡包括1座路城、3座营城、3座寨城。管理关系是路城管理营城、营城管理寨城。路城为古北口路城，营城为潮河川新营城堡、潮河上营城堡、潮河川关城堡；堡寨为潮河五寨、潮河六寨（武寨）、潮河七寨（猪嘴寨）。
[③] 根据庙宇所在的地形条件，庙宇可分两类，一类分布在山坡地，包括吕祖庙、关帝庙、娘娘庙；另一类分布在河谷平地，包括药王庙、真武庙、龙王庙等。

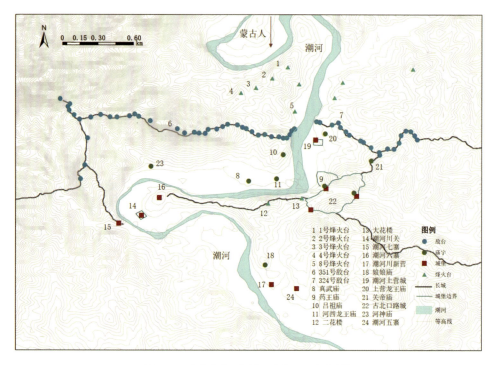

图3-11 北京古北口长城军防体系要素分布[1]

与眺望网络的中心性，并分析结构特征。基于多中心评价（multiple centrality analysis, MCA）[2]模型，使用城市网络分析工具(urban network analysis, UNA)，选取邻近性（closeness）、中介性（betweenness）两项指标，测度北京古北口长城军防体系眺望网络的中心性[3]。

---

① 其中城堡要素节点同时包括城堡及城门。图例中的名称（如8号烽火台、324号敌台、河西龙王庙等），取自《第三次全国文物普查不可移动文物登记表》中公布的文物名称。
② DORTA S, STRANO E, IACOVIELLO V, et al. Street centrality and densities of retail and services in Bologna, Italy[J]. Environment and planning B: Urban analytics and city science, 2009, 36(3): 450-465.
③ 多中心评价研究中常用邻近性（closeness）、中介性（betweenness）、直达性（straightness）3个指标进行测度。其中直达性是指给定节点到所有网络节点的欧氏距离与实际网络地理距离的比值，用来衡量两节点间最短路程路径与直线路径的偏离程度。经分析，直达性在测度北京古北口长城军防体系眺望网络中心性时并无实际意义，故本书舍去此项指标。

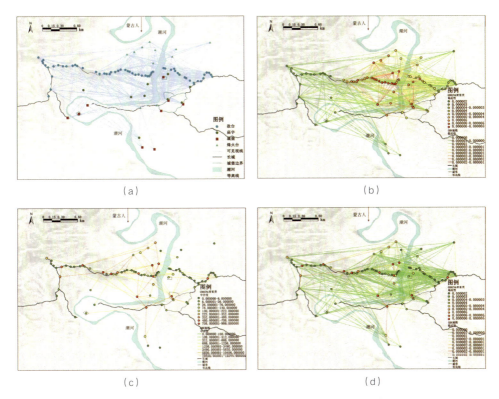

图3-12 北京古北口长城军防体系眺望网络空间结构分析过程
(a)瞭望网络空间分布；(b)瞭望视线邻近中心性分布；
(c)瞭望视线中介中心性分布；(d)瞭望视线核心空间结构分布

1. 军防要素视觉网络中心性分析

视线网络邻近中心性呈现出与眺望点网络中心性一致的模式，整体呈现由中心向两侧衰减的模式，如图3-12（b）所示。在邻近性的高值网络中（图中红色区域）出现一些起到信息枢纽作用的庙宇[①]，对多个敌台的军事信息进行了收集，并传递到后方城堡。故中部区域比边缘地带的要素传递效率更高。密云区地处山区，会出现大雾现象，人体的裸眼可视距离在大雾天气下会大为缩短。庙宇在眺望网络中起信息传递作用时，能极大缩短网络间距，保证视线传递网络的稳定运行。

---

① 根据ArcGIS可视域分析及笔者实地踏勘，古北口地区具有军防信息枢纽作用的庙宇，包括潮河上营城内的玉皇阁、河西村内的真武庙、古北口路城边的药王庙、吕祖庙、关帝庙、上营龙王庙与河西龙王庙。

中介性未出现明显的空间集聚特征，高值视线分散在整个网络中，如图3-12（c）所示。第一高值传递线路有两条，包括"1号烽火台—8号烽火台—密云334号敌台—真武庙—二花楼—娘娘庙—潮河川新营"和"1号烽火台—2号烽火台—4号烽火台—密云348号敌台—密云351号敌台—密云366号敌台"。这两条路线在军事信息传递网络中稳定性最高。

2. 军防要素网络的空间层次

采用ArcGIS Natural Break 的方法，将视线网络中介性分为9级，保留1~5级高值数据，作为军情传递网络的核心结构[①]（图3-12（d））。核心结构包括如下要素：烽火台、高等级城堡、每隔3~6个敌台出现的高值敌台、枢纽性的庙宇。总体看，长城军防体系各要素间呈现出网状传递线路，沿东西跨度与南北纵深两个方向交织连接，构成结构稳定的网状布局。

军情传递网络空间结构具有层次性特征[②]。一方面，军情网络包括"前线烽火台-边墙敌台-后方城堡" 3个主要层次；另一方面，为了提升军情信息传递的稳定性，前线烽火台和后方城堡会形成更多个细分的亚层次。第一层防线为烽火台分散布局的点状防线。烽火台内部分为靠近前线和临近长城边墙2个亚层；第二层防线为东西横向展开的边墙敌台线性防线；第三层防线为后方的城堡聚落。后方城堡由作为指挥中心的古北口路城和呈辐射状分布在其周围的下辖城堡组成[③]。此层由北侧潮河上营城、中部古北口路城及潮河川关串联成的水平层和南端潮河川新营、潮河五寨3个亚层组成。

3.3.2 "一沟三营"单元的军防空间层次

军情传递网络的空间特征，在很大程度上反映了军防要素的整体空间结构特

[①] 此结构只选择中介性(betweenness)而未选择邻近性(closeness)是因为中介性更能表达信息传递的整体结构，邻近性更多的是体现在特殊天气情况下结构传递的稳定性。
[②] 常玮. 明长城西北四镇军事聚落防御性空间研究：以中卫城为例 [J]. 建筑与文化，2015（5）：159-161.
[③] 古北口路城下辖城堡分别位于路城北部的潮河上营城，位于路城西部的潮河川关、潮河六寨、潮河七寨和位于路城南部的潮河川新营、潮河五寨。

征。基于如上军情传递网络空间结构的定量分析，"一沟三营"军防单元空间结构的层次性特征表现在两个方面（图3-13）。一方面，依据军防角色的区分，军防单元可分为"前线烽火台-边墙敌台-后方城堡" 3个功能层次：第一层防线为烽火台形成的敌情预警层，包括靠近前线和临近长城边墙2个亚层。此道防线形成了信息的接续传递，将军事信息快速传递到敌台上。第二层防线为东西横向展开的边墙、敌台、关口形成的阻击战斗层，接到烽燧报警信息后，汇集后方城堡兵力，对来敌进行有效的战斗阻击。第三层防线为后方堡寨聚落形成的兵源驻屯层，日常屯垦驻军、遇到敌情时向前方投送兵员。

另一方面，在后方兵源层中，形成了以3座营城堡为核心的，集合了军事指挥、兵源驻屯、军情传递和战斗阻击等军防功能要素的复合型空间层次。第一层次以潮河上营城堡为核心，其具有兵源驻屯功能，作为离长城边墙敌台最近的层次，

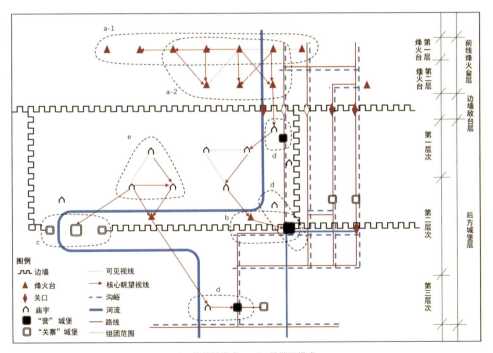

a-1—烽燧链模式；a-2—烽燧网模式；
b—"堡-楼"模式；c—"中心堡-卫星寨"模式；
d—"堡-庙"模式；e—"寺庙网络"模式

图3-13 "一沟三营"军防单元空间层次划分及军防组团示意图

城堡内驻军可迅速出兵支援前线。潮河上营城堡内的玉皇阁与其他庙宇均有军情传递功能，能够将前线烽火台与敌台层的军事信息传递到第二、三层城堡。第二层次军事单位最为丰富。其中，以古北口营城堡为核心，其具有军事指挥功能，除指挥本层军事单位之外，同时控制纵深方向其他两层城堡，此层是防御强度最高的核心层次。另外，潮河川关城堡与潮河六寨、潮河七寨构成的组团有兵源驻屯和战斗阻击的功能。这些城堡选择河边高地建设，居高临下，易守难攻，扼守要道河口。第三层次中潮河川新营城堡与潮河五寨处在腹地，有兵源驻屯与屯田的功能，建在清水河畔平坦地带上，前方有多层军事屏障，清水河则提供了日常的生活用水，且河畔土地开阔，灌溉方便，适合军事屯兵储粮。

3.3.3 "一沟三营"军防空间组团模式

更进一步的微观观察表明，在空间层次的尺度之下，军防要素呈现出特定要素间组团聚集的空间模式。这种组团聚集具有两个方面的意义，第一，同一组团内常常形成紧密的视觉关联，视线眺望关系可以令军事情报在组团内部共享、在组团之间以大跨度路径的方式进行军情信息传递。第二，同一组团的各要素常常扼守同一交通要冲，形成针对来犯之敌的高强度阻击。

在古北口营城堡军防空间单元，可识别出5种微观组团模式（图3-14）：①"烽燧链"与"烽燧网"模式，军事信息在烽火台之间呈现单一线性传递或多线交织传递的模式。②"堡-楼"模式，为城堡与具有枢纽性信息传递作用烽火台（楼）构成的模式，具体由古北口营城堡与大花楼烽火台组成，大花楼接收军事信息后可快速准确传递到古北口营城堡。③"中心堡-卫星寨"模式，具体以潮河川关为中心城堡，潮河六寨与潮河七寨为卫星堡寨组成。一堡两寨形成紧密的视线互动关系，能够对潮河川关处的敌人形成联合军事打击。④"堡-庙"模式，为城堡与具有枢纽性信息传递作用的邻近庙宇组成的模式。庙宇作为军事信息传递中的信号接收设施，可缩短传递距离，提高信息传递效率。例如，古北口营城堡与药王庙、潮河上营城堡与玉皇阁、潮河川新营城堡与娘娘庙。⑤"寺庙网络"模式，为庙宇间传递信息形成的模式。在至高点处庙宇间形成共享的眺望网络，能够接收北侧边墙敌台的军事信息并将信息传递到南侧城堡（图3-15）。

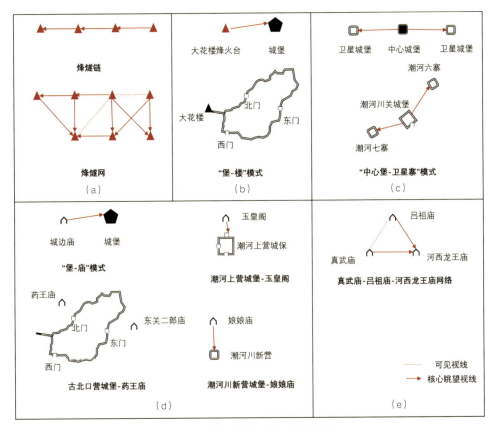

图3-14 古北口军防空间组团模式类型

(a)"烽燧链、烽燧网"模式;(b)"堡-楼"模式;(c)"中心堡-卫星寨"模式;(d)"堡-庙"模式;
(e)"真武庙-吕祖庙-河西龙王庙"寺庙网络模式

明长城古北路军防空间单元划分和军事防御强度主要受到河流影响。古北路军防空间单元以潮河、白河、汤河3条沟域为主干,分为3个自然单元。军防空间单元的军事防御强弱受到河流易通过性的影响。其中,由于潮河宽度和易达性最好,其穿过的古北口营城堡军防空间单元需要有3座营城堡进行联合控制管理,军事防御强度较高。而其他两个军防空间单元均只需1座营城堡进行管理。

军防空间亚单元的形态类型受河流、地形因素影响。古北路高等级军防空间亚单元中,潮河川关亚单元由于有潮河川穿过,使其成为防御强度高、防御结构复杂的水关堡寨型亚单元(亚单元Ⅶ型)。古北路低等级军防空间亚单元中,由于军防

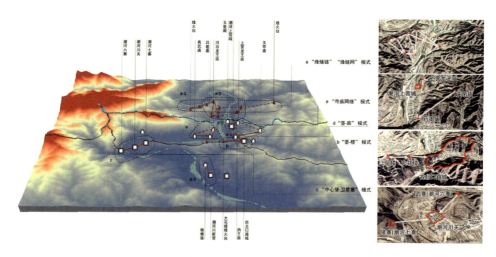

图3-15 古北口长城军防体系眺望网络鸟瞰图

空间亚单元所处的山谷间自然地理特征不同，呈现出亚单元Ⅰ型～亚单元Ⅴ型5种不同形态类型。

明长城的军事建制包括镇路制度、都司制度2套等级管理体系。在战争指挥层面，明代蓟镇长城聚落通常按镇城-协城-路城-营城-堡寨5个等级进行管理，分别对应于总兵级、参将级、守备级、守兵级4个将官等级。在兵员屯戍和动员层面，明代采用都司卫所军事管理制度，具体包括都指挥使司、卫指挥使司、千户所、百户所4个级别，这些卫所有一定的辖区，除具有军事职能以外，兼理民政，具有军事行政区特征。

概括而言，军事建制因素对军防空间特征的影响，主要体现在上述军事等级关系对军防空间强度及形态的影响。军防空间单元和军防空间亚单元内部要素组合的数量、多样性和复杂性与军事建制等级直接相关。古北口营城堡军防空间单元内部要素包含3座营城堡、2道城墙，若干关口及堡寨。结构复杂，层次丰富，这与古北口营城堡曾做过蓟镇西协协城密切相关。另外，古北口营城堡所在的潮河亚单元、石匣营城堡所在的白河亚单元与司马台营城堡所在的汤河亚单元内部军事单位复杂多样，形成多层的"城墙-关口-堡寨"结构。

军事建制等级会影响城堡规模、形态及选址。军事等级高的城堡聚落，需要有完善的军事设施和充足空间用来屯兵驻军与屯田，故城堡规模较大。同时，高等级城堡形态会受到更多礼制约束，通常拥有格局方正的方形城廓，如石匣营城堡、司马台营城堡都为方形。由于建设方形城堡需要大面积土地，所以高等级城堡通常选址在地势平坦、沟谷宽阔的地方。

本章结论认为：①古北路长城军防体系在白河、潮河、汤河主干之下，形成以沟域为主体的"空间单元–亚单元"层级结构；在山水格局之下呈现"大川–沟域–后方道路"构成的军防交通网络。②结合"沟–关–寨"的自然和军事要素组合逻辑，可识别出亚单元17个。根据营城堡、堡寨、关口、城墙、河流的位置关系，可将亚单元分为9种形态类型。③"一沟三营"的重点军防单元具有垂直于边墙的多层次性特征，在空间层次的尺度之下，军防要素呈现出特定要素间组团聚集的空间模式，包括"烽燧链"与"烽燧网""堡–楼""中心堡–卫星寨""堡–庙""寺庙网络"等。④上述军防空间单元的划分，军防空间亚单元的类型，聚落城堡的选址、规模、形态受自然环境因素和军事建制因素的双重影响。

第 4 章
长城军防聚落与建筑研究

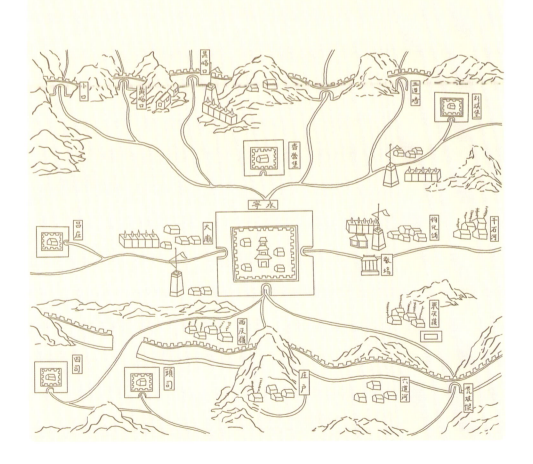

明代三边提督王琼在重阳节期间北巡时攀登长城之巅，所目睹的壮阔景象激发他写下《九日登长城关楼》：

    危楼百尺跨长城，雉堞秋高气肃清。
    绝塞平川开堑垒，排空斥堠扬旗旌。

这首诗描摹了长城区域的防御格局和精巧的建筑布局，绘就了一幅由"危楼""雉堞""堑垒""斥堠"和"旌旗"形成的防御图景，展现了长城及其周边聚落的总体建筑布局。"危楼"应为关城附属的城楼，以百尺之高成为聚落及其周边区域的标志性建筑，"雉堞"附着于关城墙体之上，以鲜明的形态增强了关城聚落的防御能力。关城外的壕沟和挡马墙组合而成的"堑垒"，横亘在关城外，形成阻挡胡马的防御屏障，远处的烽火台与哨所（斥堠）观察着远处的敌情。

本章的写作目的在于探索军防聚落及其建筑的布局和营建规律。在张杰教授主持的国家自然科学基金"基于'遗产-生态'耦合单元的京津冀明长城沿线聚落遗产保护与可持续发展研究"写作过程中，笔者与骆文、石炀、俞天琦等诸位学者围绕长城聚落遗产的形态类型、空间特点和环境特征开展了相关研究。为深入解析军防聚落，本章在上述研究基础上进一步扩充数据，深化细节，从城廓形态、街巷街廓和军防建筑3个方面开展研究。在4.1节中，笔者试图对不同军防聚落的规模等级和形态类型进行研究，探究其差异化特征及形成机制。4.2节，深入到聚落内部进行分析，揭示军防聚落的街巷格局、街廓尺度以及院落空间的组织模式。4.3节，笔者聚焦军防聚落内的公共建筑，对军事防御庙宇和一般生活性庙宇的布局和建筑特征进行阐述。

收集、汇总相关研究数据与素材，是开展长城军防聚落研究的前提。在北京明长城142处城堡中，本章选择保存较完好、遗迹较清晰的聚落，根据美国地理测量局1967年拍摄的卫星遥感地图，结合《明蓟镇长城1981—1987年考古报告（第一卷）》[1]和各地方志书中的历史地图进行考证，依据卫星图片和无人机遥感影像进行绘制，最终得到76个长城军防聚落平面图，并结合实地踏勘定位测绘了衙署祠庙等公共建筑。

---

[1] 河北省文物研究所. 明蓟镇长城1981—1987年考古报告：第一卷[M]. 北京：文物出版社，2012.

4.1 城廓规模形态与城防建筑

4.1.1 城廓规模

茅元仪所著的《武备志》中对于军防聚落规模大小和城廓曲直形态有如下记载：

"地置既得，则围垣宜讲也。大小不限，曲直无拘，但取内容丁众，外远俯逼而已。然大不如小，小则坚。直不若曲，曲则易守。"[①]

军防聚落确定选址后，应考虑城墙的建设，城墙的规模形态可灵活变化，但要考虑内部容纳人口和外部防御态势。相对而言，小型聚落更为坚固，而曲线的形态胜于直线，在防御方面更易施守。

通常情况下，居于后方、军事级别高的军防聚落比长城前线等级较低的聚落规模要大很多；建在山间峡谷的聚落由于受到地形地貌的制约，规模一般较小，而建在平原、河滩等地形平坦的聚落，或跨越多个山头的跨山型聚落则通常有更大的规模。总的来说，军防聚落的规模取决于其战略地位、军事级别、地理环境等多个因素的综合影响。王贵祥先生曾以明代城市为研究对象，探讨了特定行政建制等级的城池规模规律，不过长城军防聚落并非通常意义上的治所所在，且通常并无县以上的建制，这些军事指挥所的规模并未引起学者的足够注意。以往对军防聚落等级有诸多研究，但对规模分布的统计则较少。本节基于76处北京长城军防聚落的实测数据进行统计分析，研究军防聚落的规模特征。

依据各军防聚落投影面积，绘制军防聚落规模分布图（图4-1），可以看出，面积为 0~100 000 m^2 的曲线上升速度最快，并在 20 000 m^2 处出现拐点。基于统计数据可将聚落按照面积规模尺寸分为4个等级，分别为 I 级军防聚落（500 000 m^2 以上），II 级军防聚落（100 000 m^2 ~500 000 m^2），III 级军防聚落（20 000 m^2 ~100 000 m^2）和 IV 级军防聚落（20 000 m^2 以下），各等级军防聚落规模大小和城廓形态特征如图4-2~图4-4所示。

[①] 茅元仪.武备志[M].清初莲溪草堂修补本.

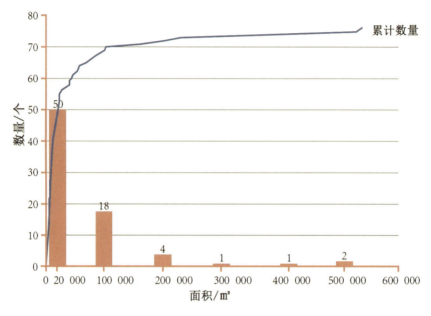

图4-1 军防聚落规模分布

1. Ⅰ级军防聚落

Ⅰ级军防聚落有2处，为居庸路城[①]和古北路城，其投影面积分别为533 841m² 和527 427m²，远远大于其他聚落，这与古籍中注重居庸、古北防务，且常将二者并称的情况相符合[②]。居庸关扼守北京西北大门，是北京北边重镇的"内三关"之一，也是整个居庸关军事防御体系的核心，选址于居庸关关沟一处较宽的区域，扼守南北要道，为昌镇居庸路的路城。

古北路城跨山而建，地处要冲，也是古往今来的兵家必争之地，具有"京师锁钥"的特殊地理位置和军事地位，隋朝时设"军镇"，唐代设"守提"，元朝时设古北口驿[③]，明代时为都司卫所制度下的密云后卫，洪武十二年设守御千户所[④]，同时也是总兵镇守制度下的"路城"，属蓟镇管辖，也曾长期作为蓟镇西协的协城。

---

① 居庸路城，为昌镇居庸路建制所在，通常被称为"居庸关"或"居庸关城"。
② 《密云志》记载："京师北控边塞，顺天所属以松亭、古北口、居庸三关为总要，而古北为尤冲"。
③ 《元史》记载："丁亥，立古北口驿"。
④ 《读史方舆纪要》记载："密云后卫，在县东北百二十里，即古北口也……洪武十一年，置守御千户所于此"。

居庸路城与古北路城都是路的军治所在，是总兵镇守制度下等级较高的军防聚落。另二城也是都司卫所制度下的高级聚落[①]，军事等级高的聚落往往需要充足的空间和完善的军事设施来屯兵驻军，因此具有较大的规模，二者均为受到高峻山势影响跨山而建的聚落，因此城廓呈不规则形态（图4-2）。

I级军防聚落

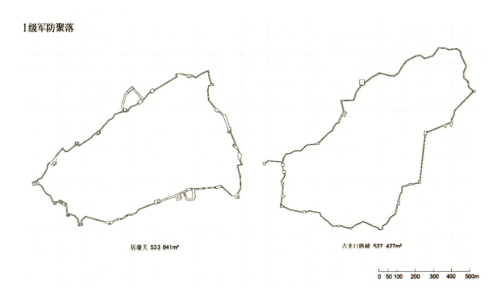

图4-2　I级军防聚落规模形态

2. II级军防聚落

II级军防聚落共有6处，分别为石匣城堡、白羊城堡、曹家路城堡、四海冶城堡、沿河城关堡和柳沟城堡。这些城堡中，石匣、曹家路、白羊为路城，四海冶、沿河城关堡为所城。此类聚落通常跨山而建，面积100 000~500 000m^2，因异形聚落受到地形地貌的制约，多呈异形或不规则四边形。白羊城堡选址于两山之间，整体呈异形，城墙沿两侧山体布置，北侧山势较陡，南侧山势较缓，中间为谷地，利用险要地势进行战略布局；沿河城关堡属紫荆关所辖，位于京师西侧，战略地位

---

① 明代长城沿线存在两种互相独立的军事管理体系，总兵镇守制度主攻伐，实行"镇–路–堡"管理体系，都司卫所制度主屯戍，实行"都司–卫–所"管理体系。

极高，设都司把守，是重要的防御节点，其城廓形态呈"D"字型，墙体形态巧妙地应对地形的升降变化，北墙与东、西墙所在处地势平坦，均建置为直线墙，南墙随地势的升起围合成弧形（图4-3）。

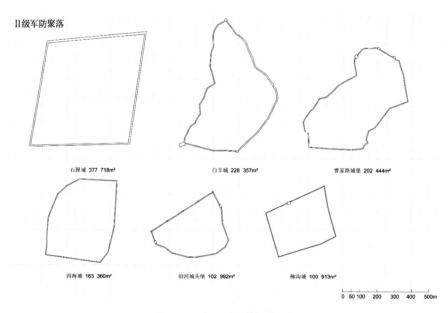

图4-3　Ⅱ级军防聚落规模形态

3. Ⅲ级、Ⅳ级军防聚落

Ⅲ级军防聚落有18处，为规模较小的堡城，面积为20 000～100 000m²。Ⅳ级军防聚落有50处，是规模最小的一类堡城，面积在20 000m²以下。Ⅲ级军防聚落与Ⅳ级军防聚落通常沿长城边墙而建，与长城距离较近，有方形、异形等不同形态，由于其等级低、驻军稀少、规模较小，周围通常只有有限的耕地甚至没有耕地（图4-4、图4-5）。

由以上数据不难看出，军防聚落规模与其军事等级是大体对应的，路城几乎都集中于Ⅰ、Ⅱ级军防聚落中，或在Ⅲ级军防聚落中面积居于前列。聚落的军事等级越高，其功能组成也越复杂，需要足够的空间来容纳官兵驻扎和各种军事设施的布置，因此具有更大的规模。此外交通区位也对聚落规模有一定影响，典型如居庸路、古北二路，由于其控扼京师通往漠北的孔道，其规模远超一般路城。

第4章 长城军防聚落与建筑研究

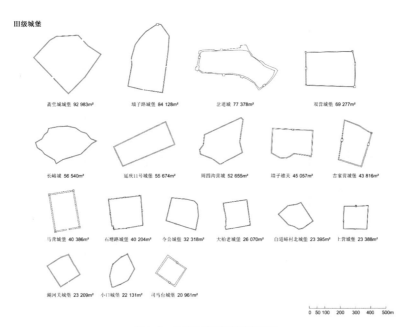

图4-4　Ⅲ级军防聚落规模形态

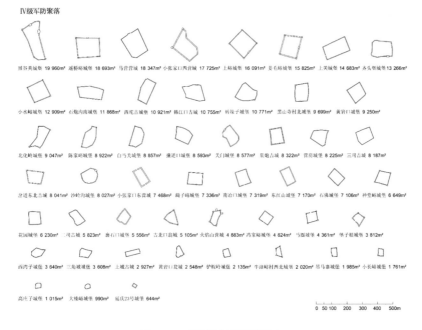

图4-5　Ⅳ级军防聚落规模形态

4.1.2 城廓形态类型

从城廓形态角度看北京明长城军防聚落可分为3个主要类型，即规则四边形（图4-6）、不规则四边形（图4-7）和异形（图4-8）。其中规则四边形聚落共有31个，占总数的41%；不规则四边形聚落共17个，占总数的22%。规则四边形和不规则四边形的聚落数量占总数的63%，可见在地形条件允许的情况下，会优先考虑以方形形态建堡。方正规则的城廓形状有助于堡内街道格局排布，从而使聚落内部空间得到有效利用，并提高堡内各个区域的可达性。

异形军防聚落共28个，占总数的37%，由于受到军事防御要求与地形限制的双重影响，城廓形状特征也呈现出因地制宜的特点，尤其是建于山顶上的小型聚落和同时包含多个山头的大型聚落，其建造会充分利用地形因素而增强其军事防御能力，城墙多沿山脊或崖地边缘设置。

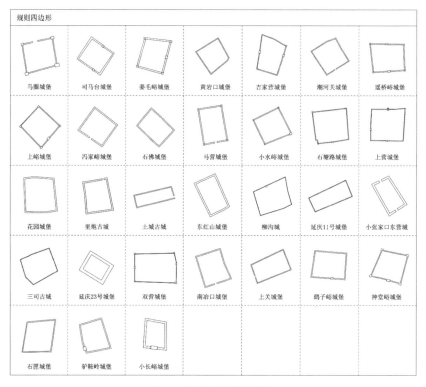

图4-6 规则四边形军防聚落

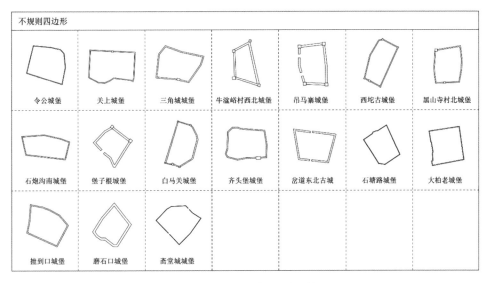

图4-7 不规则四边形军防聚落

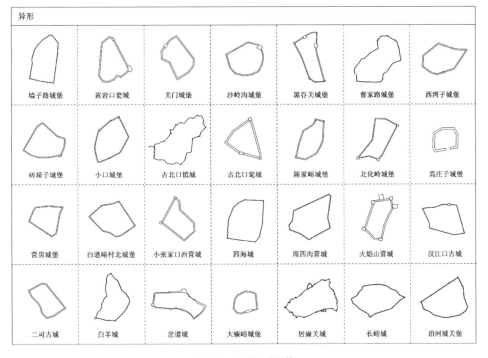

图4-8 异形军防聚落

1. 规则四边形

此类军防聚落城廓形态呈矩形，多建于平原或宽阔沟谷等地势较为平坦的地区，平面布局规整，相邻两城垣夹角在90°左右。如遥桥峪城堡，建于平原地带，为规整的方形聚落（表4-1）。此类聚落军事等级往往较高，如石匣城堡、司马台城堡[①]，这可能是由于高等级聚落的形态会受到更多礼制约束。

2. 不规则四边形

由于受到自然地形地貌制约，一些军防聚落的城廓形态在规则四边形的基础上权衡地形因素，呈不规则四边形，此类聚落多出现于临水山麓或山坳廊道处。如令公城堡，北靠一座小山，东北角受山体地形的限制，城廓形态呈"不完美"的四边形形态（表4-1）。

3. 异形

异形军防聚落多建于山势陡峭处，结合自然地形建堡，以陡峭的地形加强防御。异形聚落主要分为2类，一类是跨越多个山头的大型聚落，此类聚落多沿山脊修筑城墙，面积大，等级高；另一类为单个山体上因受地形制约而呈异形的小型聚落。例如，曹家路城堡，为蓟镇西协曹家路路城，东、西、北三面环山，城南为安达木河，其西面与北面的堡墙沿山脉而行，整体呈不规则形，其墙体只残存部分墙基，东南西3面墙体及3座城门已被拆毁（表4-1）。

4.1.3 城防建筑

堡墙、城门、城楼、敌台、瓮城等城防建筑要素共同构成了军防聚落的防御系统，形成了城垣军事防御架构。堡墙作为最基础的防御构筑物，高大、厚实、坚固，为聚落提供了坚固防线。城门作为出入口，常设城楼以便守卫和监控，而瓮城则进一步加强了城门的防御性能。敌台、雉蝶和城楼等建筑则位于堡墙之上，为聚

---

① 石匣城堡为密云前卫和石匣路所在，司马台城堡为司马台营所在。

表4-1 北京长城军防聚落形态类型

聚落名称	聚落类型	《重修密云县志》中聚落形态	实测聚落形态
遥桥峪城堡	规则四边形		
令公城堡	不规则四边形		
曹家路城堡	异形		

落提供了高处俯视的优势地形,增强了聚落的防御能力。这些空间防御要素的融合与布局不仅提高了聚落的作战能力,更是历史上军事建筑技术的重要物质见证。

1. 堡墙与雉堞

对于明代堡墙尺寸的描述,《武备志》有如下记载:

"又古人垣制，多以高五丈，下阔二丈五尺，上阔一丈二尺五寸为式。今时民堡，则大率高一丈五尺，加陴倪为二丈，下阔丈馀，上阔五六尺而已。垣太低，则矢石易及，陴倪难保。近卤攻堡，多飞石坠其陴，则人不敢垣立，而后蚁附以登。今制以垣高二丈，加陴倪五尺，共二丈五尺，视古制为半，下上收阔亦如之，庶中道也。"

可知，明代时期军防聚落的堡墙规模尺度相对较小，通常只有古制城垣的一半大小，这可能是由于民堡经济实力受限，或者是因为随着明代时期军事技术的发展和改进，聚落的防御能力并不完全依赖城墙的高度和厚度，而是在其设计和建造时更加注重防御工事的布置和组合，如城门、马面、角楼等。

在堡墙本身高度不足的情况下，可以加筑一种矮而短的墙，叫作"雉堞"或"女墙"，古时称"陴倪"。雉堞设置了用于瞭望、射击等作用的垛口，主要用于掩护守城的人，守城士兵可以躲在雉堞后面，射击或抛掷石块来攻击敌人，而敌人攻击城墙时，雉堞也可以减少城墙上的损坏范围，保护城墙不易被攻破。

堡墙的材料和结构，多以砖、石、土为主，多为中间夯土砌筑，外砌砖石的包砖、包石结构。其中，典型的夯土堡墙有双营城堡、柳沟城堡等，石质的堡墙有上关城堡、墙子路城堡等；砖砌堡墙有古北口镇城、司马台城堡等；砖石混合的堡墙有古北口瓮城等。

2. 城门与敌台

北京明长城沿线城防聚落中，路城城堡多设三门，例如墙子路城堡、石塘城堡、曹家路城堡等；营城多设两门，例如吉家营城堡、司马台营城堡；小型堡寨多设一门，例如小口城堡、遥桥峪城堡、鹞子峪城堡等。城门的朝向，一般三门时为东、西、南；两门和一门时，通常会避免在北面设门，其位置一般会在背对边墙的堡墙上。

敌台是一种具有防御功能的城垣附属建筑，也被称为"墩台"或"马面"，是建造在堡墙上向外突出的平台。"夫垣之弃守，全在敌台。垣虽方直，有台则守。垣虽委曲，无台亦弃。"茅元仪认为即使城墙曲折，有足够的攻击角度，但如果缺少敌台这样的防御工作面，也难以御敌。方直的墙体就更需要增设敌台以强化防御能力。

敌台在形状上多以方形为主，也可以是圆形或多边形等，和墙体一样有收分，整体呈上窄下宽的梯形，高度与堡墙相同或略高于堡墙，建于堡墙拐角处的敌台称为"角台"，角台的布置可以从两个方向进行防御，提升军防效率。敌台具有加固城体的作用，同时也能够加大防守面，提供良好的观察和防御效果。例如沿河城城堡北墙设有5处敌台，古北路城设有14处敌台（图4-9）。

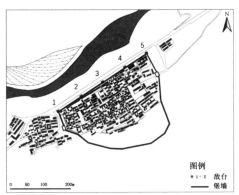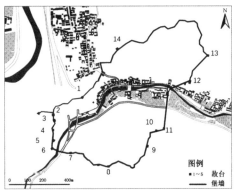

图4-9　沿河城城堡与古北路城敌台分布示意图

据《武备志》载："古制谓敌台高与垣等者，以垣高五丈也。今垣仅及其半，则台宜加高。"古代规定敌台的高度应该和城垣的高度一致，因明时堡墙高度减小，只有古时的一半，因此敌台做了加高处理。在古代堡墙防御中，堡墙上的敌台布局数量有一定规律，这与军防聚落的规模大小相关。"夫台之多寡，以堡之大小为之。堡大则多，堡小则少。大抵两空不得过五十步，又堡有垂角而出，缩腹而入者，亦须量势为台，必使相及。"一般来说，两座敌台之间的距离不超过五十步，除了四座角台外，通常大堡一面设两台，小堡一面设一台（图4-10）。这种模数规定通常用于形状方正的城堡，如遥桥峪城堡为"一面一台"，并有4座角台，而异形城堡则多根据地势条件而加以改变，例如，古北在"大堡"的标准之上，共设14台，沿河城一面设有3台，可见《武备志》所载大体可信，但实际中也因地制宜加以调整。

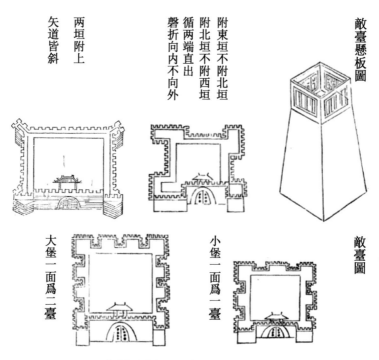

图4-10 《武备志》堡约中的城堡规模及附属建筑配置
（图片来源：明.茅元仪《武备志》）

3. 瓮城

"门坏，则虽有人乎，垣无及矣，故必有瓮城。高厚与堡同，内外俱为陴倪，旁开一门，亦用铁扇，已并废堡之门，取以为用，可也。夫瓮城高厚与垣等，内外皆陴，则虽洞其外门，亦无寇敢入者。而况为重门邪。"[①]

通过以上《武备志》文献可知，瓮城的高度、厚度都与堡墙相同，配备有各种防御设施，如闸楼、雉堞等。瓮城的设置可增加防御空间，避免在敌人攻击下城门直接暴露。瓮城城门通常不与城堡城门正对，而是开在侧面，即使瓮城城门被攻破，敌人入侵至瓮城，内部的城门仍然可以保护城堡不受侵犯，可关闭瓮城城门和城堡城门，将敌军困于瓮城内进行作战，从而提高城堡的防御能力，如图4-11所示。

瓮城的设置会根据军防聚落的等级、规模、所处地理位置而有所不同。例如居

---

① 茅元仪.武备志[M].清初莲溪草堂修补本.

第4章 长城军防聚落与建筑研究

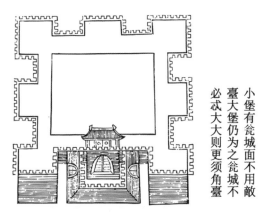

图4-11 瓮城示意图
(图片来源:明.茅元仪《武备志》)

庸关城设置了南北两个瓮城。北城门外是长方形的北瓮城,瓮城城门开于西侧。南侧城门外则是半圆形的南瓮城,南瓮城城门也开于西侧。

4.2 街巷、街廊与院落

4.2.1 街巷格局

道路街巷是军防聚落及其防御体系的重要构成要素。当敌军成功突破堡墙进入聚落后,街巷道路便起到了举足轻重的防御作用,内部道路系统经过巧妙的设计,通过宽窄、坡度、曲直以及丁字路口的处理,让聚落内部易于施守。这种设计不仅可以加强聚落整体的防御能力,还可以为居民提供更好的交通和居住环境,同时也提高了美观度和文化价值。

军防聚落内的道路系统由街道和巷弄构成,它们是内部防御体系的重要组成部分。经过对北京地区36个军防聚落内部街道格局的分析,可以发现主干道通常贯穿整个聚落,连接重要公共建筑和防御工事,其坡度较缓,便于车马和士兵的运输与调度,而巷道则相对较窄,弯曲多变。根据聚落主干道结构,可将街巷格局分为5个主要类型,包括"一"字型、"十"字型、"口"字型、"丁"字型、鱼骨型(图4-12、图4-13)。

083

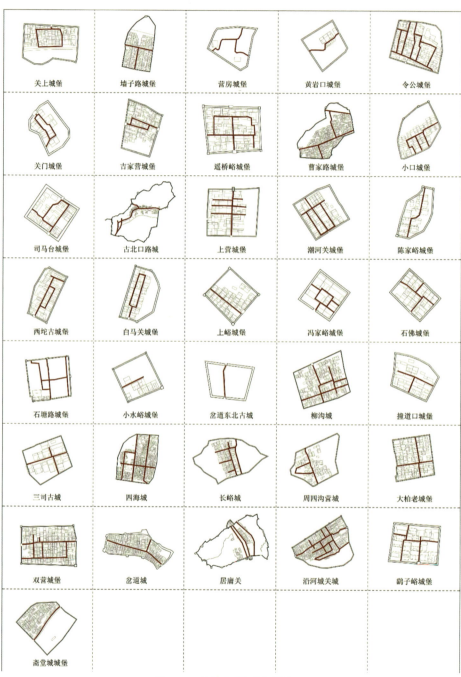

图4-12 长城军防聚落街道格局

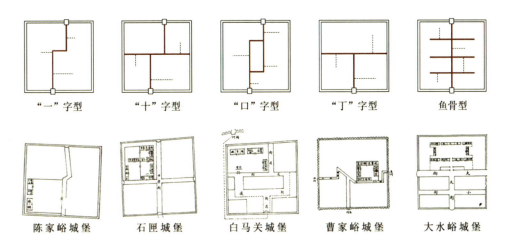

图4-13 长城军防聚落街道格局类型及案例

这些不同类型的街道格局，皆以丁字路口的设置为共性。一字型的主街常在中段扭转一定角度，避免"路冲"，形成类似于丁字路口的视觉遮蔽，增加敌军进攻的难度，如陈家峪、萁岩口等城堡。丁字型路口的设置使得进入聚落内部的敌军不能直通，便于防守，位于地势平坦地区的聚落多为此街道空间类型，道路设置简单，同时出于巷战目的，通过地形坡度变化或街道曲直变化加强防守，形式不一。为加强防守，街道在以上类型的基础上变换角度或随地势起伏而变化，如营房城堡的主要道路为丁字型街道变形的弧形大街。口字型街道多利用两城门的错位关系，呈交错或围合的交叉方式，使敌人不易辨明方向，如吉家营城堡、冯家峪城堡。鱼骨型街道以上营城堡为代表，内部建筑布置规整，街道整齐有序。

军防聚落内的街道格局类型与规模有着密切的关系。规模较小的聚落通常由一条或两条主干道连接并贯穿于整个聚落，其街道形式多为一字型或十字型。随着聚落规模的扩大，单一的街道形式不能满足内部交通需求，大型聚落通常拥有主干道、巷道等多条道路，这些街道的宽度、坡度、走向等都经过精心设计，例如坡度较大的街道可以让聚落内的守军更好地俯视周围的情况，提高防守的能力。规模更大的聚落会采用更为复杂的混合街道模式作为基本构架，例如墙子路城堡，受地形条件限制堡墙沿山脊修筑，聚落以南有河流穿城而过，建筑集中于聚落南侧的平坦地势处，主要由一条东西主街和一条南北主街构成丁字型街道，东西主街上分出多条南北向次要街道，与主街共同构成鱼骨型街道，建筑排列疏密有致。

4.2.2 街廓尺度

宋朝时废除封闭古代城市规划模式——里坊制，改为开放的街巷制，明长城军防聚落虽已属街巷制布局，但仍然受到里坊制城市传统布局的影响。谭立峰、张玉坤等学者在《村堡规划的模数制研究》[①]中发现，长城军防聚落内居住单元的规划布局与宋朝以前的里坊制城市具有相似的模数制关系，李严等学者也得出里坊制不仅存在于古代城市和乡村聚落，而且普遍存在于明长城军防聚落中的结论。

军防聚落内部街巷格局通常呈有秩序的网格状，在"一"字型或"十"字型大街两侧伸出若干条支路，将聚落内部空间划分为若干街廓。这些军防聚落军事等级不同，内部的街廓数量、尺度也不尽相同。下面以白马关城堡、潮河关城堡、上营城堡、墙子路城堡为案例，深入研究聚落内部街廓尺寸，如图4-14所示。

白马关城堡呈不规则形状，堡墙东侧压山而建，西侧街区呈规则矩形，堡内建成区被街巷分隔为3街廓，每个街廓由5个纵向排列的院落组成，进深约120m，面阔为15m或20m，位于聚落中间的街廓尺寸最大，两侧的较小，其堡内街廓尺度呈15m×120m和20m×120m两种模数制度。

潮河关城堡呈方形，边长150m，堡内道路布局规整，由1条主街及与之平行的2条次街组成，偏北的位置有1条东西向的街道，将整体分隔为南北两部分。西北角为瘟神庙所在之处，院落尺寸较大，南侧为居住区，南北向的街道将内部划分为4个街廓，主街两侧的街廓面阔30m，外侧两个街廓面阔25m，每个街廓进深约100m，由5个纵向排列的院落组成，每个院落进深约20m，其堡内街廓尺度呈25m×100m和30m×100m两种模数制度。

上营城堡呈矩形，边长为120m和150m，堡内街巷呈鱼骨型，由1条南北方向的主街及与之垂直的若干巷道组成，堡墙东侧地势较高，居住区集中于西侧。与

---

① 谭立峰，张玉坤，辛同升. 村堡规划的模数制研究 [J]. 城市规划，2009，33（6）：50-54.

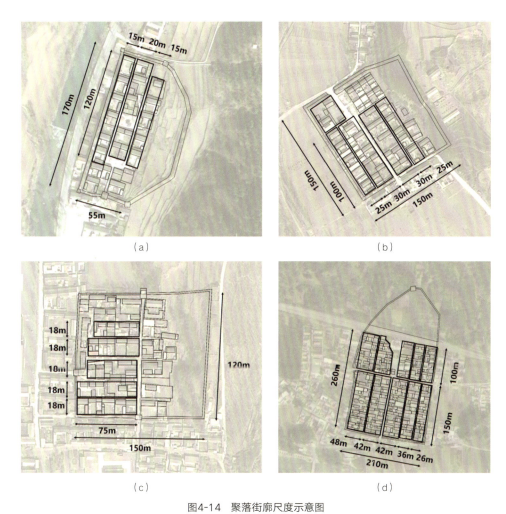

图4-14 聚落街廊尺度示意图
(a) 白马关城堡；(b) 潮河关城堡；(c) 上营城堡；(d) 墙子路城堡

白马关城堡和潮河关城堡不同的地方在于，上营城堡内的街廊院落呈横向排列的方式，每个街廊进深都为18m，面阔约为75m，由5个院落组成，每个院落面阔15m，院落尺寸与潮河关城堡类似，其堡内街廊尺度呈75m×18m的模数制度。上营城堡和潮河关城堡内街廊的面阔尺寸大于白马关城堡，其原因可能是这两座城堡为营城堡，军事等级较高，且地点位于古北口，地势平坦，具有较广阔的建设空间。

墙子路城堡是蓟镇西协墙子路路城，具有较高的军事等级，规模较大，堡内街廊尺度也相对较大，东西主街以北街廊进深100m，东西主街以南街廊进深150m，从西向东街廊面阔分别为48m、42m、42m、36m、26m，南北主街两侧的街廊面阔小于最西侧的街廊，主街两侧街廊内多为两院并排布置，而最西侧的街廊内为三院并排的布置。其院落存在不同尺度模数，院落面阔10～20m。面阔10m左右的院落，院内正房多为三间，面阔为15m左右的院落，其正房为五间，面阔为20m左右的院落正房多为七间，这些不同规模的院落可能与其历史上不同军官等级的居住标准有关。

由于军防聚落同时具有军事、政治及生活的作用，并且具有不同的军事等级，内部的街廊尺度也不尽相同。镇城、路城、营城及卫所是高级别将领所驻扎的地方，因此街廓尺度较大，而堡寨类的低等级城堡街廊尺度较小，满足基础居住需求即可。在同一个聚落中，街廊尺度也有所不同，历史上做过衙署或建有寺庙的院落尺度大于其他院落。军事等级较高的聚落内街廊尺度大于等级较低的聚落内街廊尺度，聚落内主街附近的街廊尺度大于外围街廊，且街廊内院落户数多为5的倍数关系[①]。

4.2.3　院落空间组织

北京明长城军防聚落内的院落有4种空间组织方式，分别为纵向布置、横向布置、组团布置和分散布置，如图4-15所示。其中纵向布置的院落是将主体建筑按照南北方向依次排列，多为5个院落1组的纵深排列方式；横向布置的院落则是东西方向依次并排，纵向布置和横向布置的院落格局多见于城廓形态方正的聚落；组团布置的院落通常由若干横向和纵向布置的院落组成，构成1个紧密的院落群，这种布局方式多见于规模较大的聚落，宽阔的地形条件为院落提供了组团布置条件，例如四海冶城堡形成了横向3路，纵向3进的院落街廊，并在组团东南角形成院落群入口；分散布置的院落则常见于规模较小、等级较低的聚落，多见于地形起伏甚大的狭窄山谷处，因地制宜灵活布置院落。

---

① 白马关、潮河关、上营城等城堡均为5个院落1组形成1个街廊，这很可能与明朝军户制有关，每卫由5个千户所组成，每千户所由10个百户所组成，每百户下设2个总旗，每总旗下设5个小旗，每个小旗子又由5个人组成，而城堡内1个街廊也多为5个院落构成。

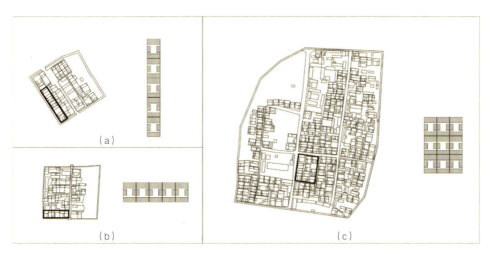

图4-15 军防聚落院落布局模式

（a）潮河关纵向布置模式；（b）上营城横向布置模式；（c）四海冶组团布置模式

4.3 公共建筑布局与类型

4.3.1 公共建筑布局

长城军事聚落内常见的公共建筑有寺观庙宇和衙署建筑。其中，寺观庙宇是军防聚落的重要标志性建筑和信仰礼俗空间所在。庙宇建筑有两类，一类是在军事防御功能影响下，为弘扬"忠、义、仁、勇"精神而建的军事防御属性相关的庙宇，供奉守御之神，常见的有关帝庙、玉皇庙、真武庙、城隍庙、马神庙等。另一类是供奉常见的地方神祇的寺庙，如观音庙、娘娘庙、龙王庙等。下面以居庸关城堡、古北路城、长峪城城堡、潮河关城堡、上营城堡等为案例，分析庙宇建筑在城堡中的布局特征。

居庸关城内共有7处庙宇，分别为真武庙、关帝庙、城隍庙、表忠祠、吕祖庙、关王庙、马王庙，这些庙宇多与军事功能有关。其中，真武庙建于北瓮城内，坐镇北门，关帝庙共两处，分别建于北门内西山坡上和南门瓮城内，马神庙建于城南门外西山脚下，城隍庙建于堡内南北大街以西，吕祖庙建于堡内翠屏山中麓，表忠祠位于堡内西南侧，也称罗通庙，为纪念明朝右副都御史罗通而建。古北路城北门外由北向南依次建有杨令公庙、财神庙、药王庙，堡内建有城隍庙，由于古北路城有河流穿城而过，且历史上多次发生河流徙决、改道，祈求水利安全的水神寺庙为古北路城一大特色，沿河分布有龙王庙、二郎庙、七神庙等。长峪城北门外的瓮城内建有祯王庙，北门向南约50m处建有一关帝庙，永兴寺建于城堡西南侧的山坡上，原称娘娘庙；潮河关城堡西北角建有一玉皇庙；上营城堡的玉皇阁建于中轴线北侧的高台上（图4-16）。

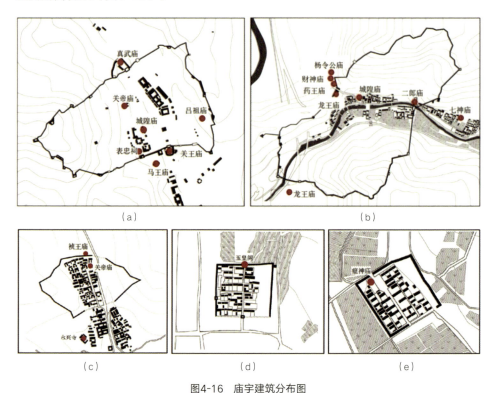

图4-16 庙宇建筑分布图
（a）居庸关；（b）古北路城；（c）长峪城；（d）潮河关城堡；（e）上营城堡

1. 军事防御性庙宇

关帝庙多建于城门附近或瓮城内，例如长峪城北门、古北路城北门、白马关城堡西北角都有关帝庙。真武庙供奉真武大帝，即北天玄武大帝，作为保护人民、驱邪避灾的神祇庙宇，多建于聚落北郊，例如居庸关北瓮城内建有真武庙。明朝重视马政，因此在城堡中马神崇拜较为普遍，长城城堡几乎都建有马神庙，其多位于城门外侧附近，例如，居庸关马神庙建于南门外西山脚下，石匣城马神庙建于南门以东。城隍庙供奉城隍神，祈求城市安宁、繁荣和平等。城隍庙多建在中心地带，居庸关城中心大街西侧、石匣城堡内北侧、永宁城西南角、石塘路城堡东西大街以北都有城隍庙。

2. 一般生活性庙宇

城堡内外修筑了许多与水相关的庙宇，现存有供奉遏制水患的二郎庙与七神庙、龙王庙等，这些庙宇大多位于河道附近，如石匣城、永宁城、古北路城均建有龙王庙（图4-17、图4-18）。娘娘神最初源于古代的土地神信仰，是中国传统农业社会神灵信仰的一种。在明长城城堡内也普遍建有娘娘庙，供奉娘娘神，以祈求家庭、城堡的平安和繁荣，保佑生育平安等，同时也表达了对土地的感恩之情。永宁城、镇罗营均建有娘娘庙（图4-19）。

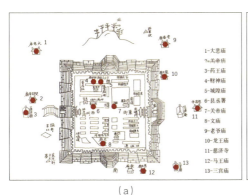
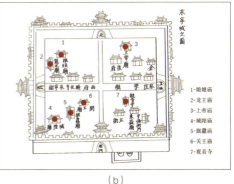

（a） （b）

图4-17 石匣城、永宁城庙宇建筑分布

（a）石匣城庙宇建筑分布图；（b）永宁城庙宇建筑分布图

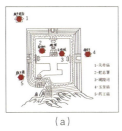
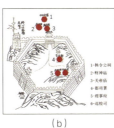

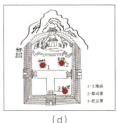

（a） （b） （c） （d）

图4-18 石塘路城堡、古北路城堡、曹家路城堡、墙子路城堡公共建筑分布

（a）石塘路城堡；（b）古北路城堡；（c）曹家路城堡；（d）墙子路城堡

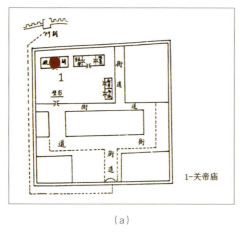
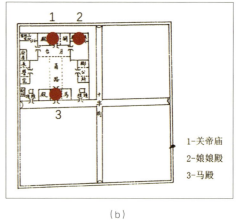

(a) (b)

图4-19　白马关城堡、镇罗营城堡庙宇建筑分布

(a) 白马关城堡；(b) 镇罗营城堡

对比分析以上典型城堡内庙宇建筑的布局情况可以发现：①城堡外寺庙大多集中于堡门附近重要空间节点处，城堡内寺庙多集中于主街的两侧，其中武神庙常位于险要位置，反映了沿线军民的安全与祭祀需求；②在地势平坦的城堡内，寺庙建筑常形成"中轴线"格局，南端以关帝庙为起点，轴线北端以建于堡墙高台上或十字路口处的真武庙或玉皇庙为终点，正对中心大街；③特定寺庙建筑的空间分布有一定的偏好和规律，其中真武庙多建于城堡北侧，关帝庙多建于城门附近或瓮城内，龙王庙、二郎庙、七神庙等水神庙多建于城门附近河道两侧。

4.3.2　公共建筑特征——以古北路为例

古北路城的庙宇建筑主要以药王庙、令公庙以及财神庙等生活性庙宇为典型，集中分布在城堡北门外，城东有二郎庙，此外，古北口下管辖的上营城堡内建有玉皇庙，潮河关城堡内建有瘟神庙。

1. 军事防御性庙宇建筑

（1）杨令公庙。杨令公庙位于古北路城北门外，面积为302.59m²，西南侧为财神庙，东南侧为药王庙，北、西、南三侧为民房。杨令公庙现存建筑院落坐北朝南，现有山门，东、西配房各三间，前殿面阔三间进深三间，后殿面阔三间进深三间。前殿庑殿顶，调大脊，岔脊各五小兽，砖墙三顺一丁砌筑，前装修为斜方格门窗，明间门五抹四扇，次间窗各三抹四扇。彻上明造，室内大木架和外檐下绘旋子彩画，无斗拱。后殿硬山顶，墙体、装修、木架同前殿，但室内外为苏式彩画，两配房均为硬山顶，灯笼框门窗，无彩画，内顶井口天花为牡丹图案。山门为简易门楼。前院为标准三合院。正殿内塑有杨令公、大至八郎等泥像14尊，后殿塑有佘太君、柴郡主、周夫人等泥像8尊（图4-20）。

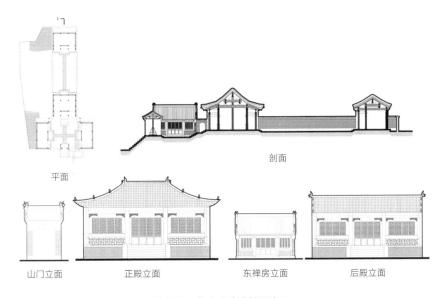

图4-20　杨令公庙建筑示意图

（2）药王庙。药王庙位于古北路城北门坡上，坐北朝南，面积为409.86m²，北侧为大片民房和杨令公庙，西侧为财神庙，东南侧山上有明代古城墙遗存。药王庙建于明朝初年，在明万历年间和明崇祯年间进行了两次重修，随后又于清康熙年间进行补修。药王庙院内原有关帝殿、药王殿、圣佛殿、龙王殿、菩萨阁、戏楼、抱厦、牌楼、琉璃影壁等殿宇，其中药王殿坐北朝南，面阔三间，进深二间，前出廊式，单层硬山顶，调大脊，灰筒瓦屋面，灰砖砌墙，前装修槛窗及隔扇门，苏式彩画。院内现存石碑二通；戏楼坐南朝北，面阔三间进深二间，歇山顶，调大脊，灰筒瓦屋面，灰砖砌墙，北面为台口无装修，檐下有倒挂楣子，苏式彩画，南面为槛窗。戏楼为上下2层，上层为戏台，木质台板下为南北通道和化妆室。这些殿宇于不同时间建成，形成了布局独特的庙中套庙形式，在当地有"两步三座庙"的说法。庙中的药王殿是为百姓平安祈福，关帝殿是为戍边将士守关助力，龙王殿是祈祷风调雨顺，观音菩萨阁则是希冀人丁兴旺，这些隐藏在建筑背后的寓意均是古北口地区多样民俗文化的表现（图4-21）。

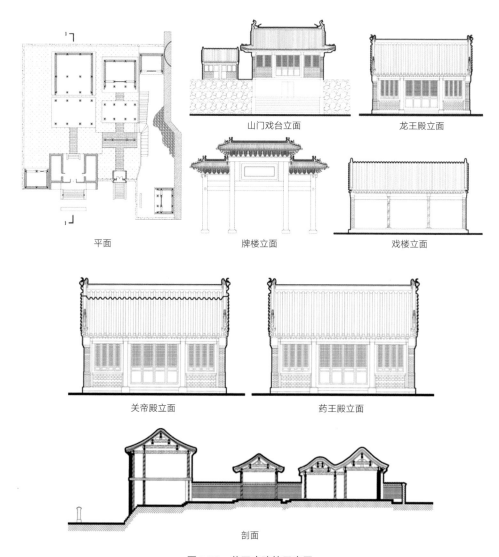

图4-21 药王庙建筑示意图

2. 一般生活性庙宇建筑

（1）玉皇庙。玉皇庙位于上营城堡北墙中间顶部，坐北朝南，属于高台建筑，面积为50m²，建筑用地为400m²，海拔高程217m，远处四面环山，西侧100m为潮河，南面为大片村庄。玉皇庙建于清乾隆年间，已有上百年的历史。当时玉皇庙正殿正位供奉玉皇大帝，两侧为顺风耳、哼哈二将、太白金星和太上老君的站像。从那时起每逢初一、十五，众多古北口百姓都来庙里敬香，请求保佑百姓风调雨顺，家家平安。每年的正月初九俗称"天日"，即玉皇大帝的诞辰，时至今日，当地居民仍然会在玉皇庙前举行节庆仪式（图4-22）。

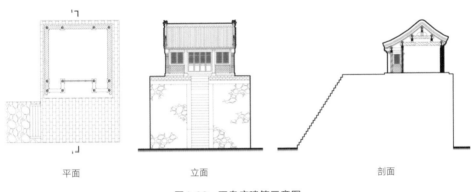

平面　　　　　　立面　　　　　　剖面

图4-22　玉皇庙建筑示意图

（2）财神庙。财神庙建于清嘉庆年间，财神庙原有前后两殿，殿前有东西禅房各三间，大门对面有一座戏楼，现财神庙院内仅存北侧正殿，东西禅房及院外戏楼均已被拆毁。财神庙面积为94.9m²，位于古北口村东南侧坡上，现存正殿为三间三进硬山顶建筑，彻上明造，大木架立帖抬梁，七架三间且无斗拱。山墙为灰砖砌墙，屋面灰板、筒瓦阴阳合瓦，调大脊，檐下绘有旋子彩画，庙前步道为清代御道（图4-23）。

（3）瘟神庙。潮河关城堡位于潮河形成的滩地上，古时潮河水时常泛滥，导致潮关古城内暴发瘟疫，村民为了消灾避难，便在潮河关城堡内建立了这座瘟神庙。瘟神庙位于潮河关城堡西北角，庙东为山，西面300m为潮河，东南为民房，西北留有城堡石墙。该庙主体为二合院形制，院内包含正殿及东耳房、西配殿和南侧戏楼。

瘟神庙正殿为三间两进硬山顶建筑，彻上明造无斗拱，大木架立帖抬梁，且其上绘有旋子彩画，屋面为灰板瓦、清水脊，方直台基砖垛石墙，装修前已拆除改为砖墙，留有一小门，值得一提的是，在正殿内还发现了精美的明代彩绘壁画。西配殿和东耳房在建筑形制上与正殿相同，但在规制上有所区别，即均无彩绘壁画和装修。瘟神庙戏楼坐南朝北，为清代一殿一卷式建筑，天沟南为调大脊、北为过垅脊。戏楼面阔三间进深两间，大木架立帖抬梁，彻上明造无斗拱，室内木架上绘有苏式彩绘，屋面为灰板筒瓦阴阳合瓦；戏楼南部为砖砌墙体，北部为台口（图4-24）。

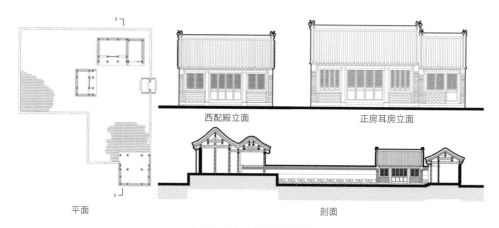

图4-23　财神庙建筑示意图

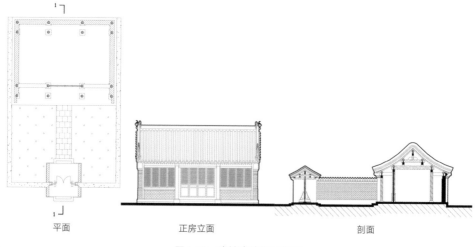

图4-24　瘟神庙建筑示意图

第 5 章
基于SDG的长城沿线可持续发展适宜性评价

隆庆三年，直隶巡按御史房楠在《申饬种树疏》详细论述了边关种树有七利：其一为"三载成林，虏入犯不能齐驱"；其二为"俟其半入，或以短兵相接，以火器交攻"；其三为"遇敌不逃，撼之不动，即添数万甲兵"；其四为"内有敌台，外有多树，虏踰重险，必延时日，而我策应之兵至矣"；其五为"叶落可以供爨，果实足以充饥"；其六为"一旦穷塞变为乐土，孰肯逃去"；其七为"边树、边墙交相为守，而主兵若复练焉，其势似可支持，入卫之兵料可议减"[①]。从进谏者的话可以看出，在长城沿线地区大量种植树木不仅可以形成一道天然的防御屏障，更能为驻地士兵提供食物及燃料来源，并改善区域生态条件提升人居环境品质，"穷塞变为乐土"。对于明廷而言，在长城沿线进行生态保育和可持续能力建设的相关理念已经诞生。正如本书绪论中所述，目前，长城沿线区域仍然面临着可持续发展的严峻挑战，长城沿线生态环境脆弱、经济基础相对薄弱、文化遗产面临威胁，对于长城沿线区域进行可持续发展适宜性评价并制定应对策略是当务之急。

关于长城沿线综合发展的论述，最早见于罗哲文先生的《古迹》一书，他认为长城具有成为旅游观光胜地从而带动地方发展的重要价值。在张杰教授的作品《京津冀长城聚落保护与可持续发展——基于遗产与生态耦合的视角》一书中，则首次以综合性的视角提出了长城沿线可持续发展议题，并且对文化保护、经济发展、生态保育、展示利用和动态监测等一系列问题开展了系统性的评估与研究。同时，该书提出应以流域、沟域等水文地理概念为基础划定空间单元，进行区域性的分析和研究，这一研究思路在长城研究领域是开创性的。在这一开创性工作中，孙喆、苏毅、王思思等基于小流域划分的基本概念，提出了基于地理信息技术进行长城沟域划分的基本方法和原则，将京津冀长城沿线划分为1 490条小流域单元，并基于遗产和生态资源禀赋，进行了长城核心沟域分类，将其划分为一系列"遗产-生态"耦合单元。杨震、刘玮等对这些划分出的空间单元开展了沟域与村庄产业发展研判[②]。以上研究与讨论过程为本章节的研究提供了充分的理论依据。

---

① 刘效祖. 四镇三关志[M]. 四库全书存目丛书：史部第10册, 卷七《制疏考. 蓟镇制疏. 题奏》.
② 刘玮, 张杰. 线性文化遗产保护区沿线乡村旅游发展效应评估及发展路径选择——以北京长城文化带为例[J]. 城市发展研究, 2022, 29（10）：116-124.

本章延续了张杰教授及上述各位学者对长城沿线区域综合发展议题的关注以及将"沟域空间单元"视为基本分析单位的思考方式。一方面，在上述作品研究的京津冀长城沿线的大尺度空间范围中，聚焦北京长城沿线区域的169个研究单元，研究范围更为微观。另一方面，沟域分类的理论和方法，基于联合国《2030年可持续发展议程》[①]尝试构建基于可持续发展目标的发展适宜性评价指标体系，同时使用一系列数据驱动的研究方法，从而得到科学的、精细化的可持续发展类型与策略。

对长城沿线沟域单元进行可持续发展适宜性评价，能够精准地识别这些地区的优势特征，为地方可持续发展提供科学决策支撑。本章基于联合国《2030年可持续发展议程》提出的17项可持续发展目标，基于文献综述和专家咨询，从其中遴选、细化了适应于长城沿线的发展目标和标准，形成了涵盖长城沿线地区文化资源、生态环境、经济社会等3个维度、15项具体研究指标的"可持续发展适宜性"评价体系。这些维度及其细分因素决定了该区域发展方向、区域规划以及景观管理方式。通过对长城沿线沟域单元进行可持续发展适宜性评价，也将为其他地区提供可借鉴的评估经验和发展模式，推动国土尺度遗产区域的可持续发展进程。

5.1 发展适宜性评价理论与方法

5.1.1 评价理论

随着全球可持续发展理念的不断推进和深化，对可持续发展进程与成果的量化评价的重要性日益凸显。探索并建立一套科学、系统、全面的可持续发展评价体系不仅可以提供准确的度量指标，还能够引导可持续发展的实践方向。可持续发展目标（sustainable development goals, SDGs）为全球可持续发展指明了方向，围绕SDGs的评价指标体系构建及其相关研究逐渐成为学术界和实践领域的热门议题。

---

① 2015年，联合国各会员国一致通过将17项目标纳入2030年可持续发展议程，在2019年可持续发展目标峰会上，各国领导人进一步呼吁开展相关行动。近年来，我国陆续发布了相关的立场文件、国别方案、进展报告和"地球大数据支撑可持续发展目标报告"。

可持续发展评价通常涉及多种方法，其中，基于GIS技术的适宜性评价法、模糊综合分析法以及神经网络评价法等均为常用的方法。随着地理信息和遥感技术的不断发展与普及，GIS技术在旅游开发适宜性评价中得到了广泛的应用。方琰[1]等学者使用GIS/RS等技术方法，基于获取到的遥感数据从慢旅游开发视角对长江三角洲进行空间运算与开发适宜性的评价，依据评价结果得到适宜进行慢旅游开发的城镇与地区。郭泉恩[2]等学者应用模糊综合评价法对江西省宗教场所旅游资源进行开发适宜性评价的研究，分析得出影响开发适宜性的主要因素和限制条件，并将评价结果与发展政策相结合，提出构建宗教旅游圈等地区旅游开发的建议。刘焱序[3]等学者运用人工神经网络和偏相关分析等方法对吉林省汪清县的土地生态环境质量、植被变动、发展趋势进行评价与分析，判断并确定生态适宜性高与生态适宜性低的区域的空间分布情况。

在构建评价指标体系的探索过程中，需要采用多元化的视角审视目标对象。不仅需要我们从多个维度和层面去评估目标对象，还需要我们综合考虑各种内外部因素，以确保评价结果的全面性和准确性。雷函龙等学者从文化遗产地居民的感知入手，为湖北钟祥的世界文化遗产地构建了包含旅游经济、文化、环境3个方面的评价指标体系。这些研究强调了本土化指标体系的重要性，确保评价指标与研究对象的实际情况高度契合[4]。邵超峰等学者以桂林市为例针对旅游型城市的可持续发展评价建立了1个包含经济、环境、社会3大系统、14个支柱和多个具体指标的评价体系，揭示了桂林市在可持续发展中的优势和短板[5]。

可持续发展指标体系中的权重关乎评价结果的准确性和科学性，关于权重的计算方法对于遗产区域可持续发展评价研究至关重要。权重确定的方法一般包括客观

---

[1] 方琰，殷杰. 基于慢城视角的长江三角洲慢旅游目的地开发适宜性评价[J]. 旅游科学，2014，28（6）：82-92.

[2] 郭泉恩，钟业喜. 江西省宗教场所旅游开发的适宜性评价[J]. 地理研究，2016，35（2）：377-389.

[3] 刘焱序，王仰麟，彭建，等. 耦合恢复力的林区土地生态适宜性评价——以吉林省汪清县为例[J]. 地理学报，2015，70（3）：476-487.

[4] 雷函龙，陈慧英. 基于湖北钟祥明显陵世界文化遗产地居民对旅游影响感知的可持续发展评估指标体系构建[J]. 旅游纵览，2021，（4）：9-11.

[5] 邵超峰，高俊丽，赵润，等. 基于SDGs及旅游竞争力指数的旅游型城市可持续发展评估——以桂林市为例[J]. 中国人口·资源与环境，2022，32（2）：162-176.

赋权法和主观赋权法。客观赋权法一般有层次分析法、均差法、熵权法等。层次分析法已应用于城市规划[1]、环境科学[2]、旅游管理[3]和农业等领域[4]。大多数研究表明层次分析法生成的适宜性地图与通过其他方法生成的适宜性地图没有显著差异[5]。在评价遗产地区方面，层次分析法仍然是一种有效的技术，特别是在多维度和多指标研究中，因为除其简单性和适应性之外，它比其他技术需要更少的技能[6]。

尽管可持续发展评价方法弥补了遗产保护定性研究上的局限性，但是仍然面临诸多挑战，包括机制研究不足、缺少统一准则和忽略了阈值范围[7]。因此，构建一个既具有理论上的普适性潜力，又在实操中具有针对性的可持续发展评价方法，对于实现区域遗产保护与可持续发展具有重要价值。

5.1.2 研究区域与空间单元

正如本书第3章所论述的，从"沟域"空间单元的视角出发对北京明长城沿线区域进行审视，有利于还原长城建设之初的军防空间逻辑，并为当代长城遗产的保护及发展提供有效的空间分析单元。从地理特征角度来看，长城大多分布于山脊线上及其附近，沿着这些山脊线形成了一系列集水区，这些集水区常常是长城沿线村

---

[1] AWAD J, JUNG C. Extracting the planning elements for sustainable urban regeneration in Dubai with AHP (analytic hierarchy process)[J]. Sustainable cities and society, 2022, 76: 103496.

[2] KITTIPONGVISES S, PHETRAK A, RATTANAPUN P, et al. AHP-GIS analysis for flood hazard assessment of the communities nearby the world heritage site on Ayutthaya Island, Thailand[J]. International journal of disaster risk reduction, 2020, 48: 101612.

[3] ZABIHI H, ALIZADEH M, WOLF D, et al. A GIS-based fuzzy-analytic hierarchy process (F-AHP) for ecotourism suitability decision making: A case study of Babol in Iran[J]. Tourism management perspectives, 2020, 36: 100726.

[4] PENG J, LIU Z, LIU Y, et al. Multifunctionality assessment of urban agriculture in Beijing City, China[J]. Science of the total environment, 2015, 537: 343-351.

[5] BAMRUNGKHUL S, TANAKA T. The assessment of land suitability for urban development in the anticipated rapid urbanization area from the Belt and Road Initiative: A case study of Nong Khai City, Thailand[J]. Sustainable cities society, 2022, 83: 103988.

[6] NADKARNI R R, PUTHUVAYI B. A comprehensive literature review of Multi-Criteria Decision Making methods in heritage buildings[J]. Journal of building engineering, 2020, 32: 101814.

[7] 黄茹莉. 国际可持续性评价方法研究进展与趋势[J]. 生态经济, 2015, 31（1）: 18-22, 108.

镇人居环境及其生活生产空间的地理载体，从这个角度看，长城沿线区域可以被视作是若干小流域组合而成的集合体（图5-1）。

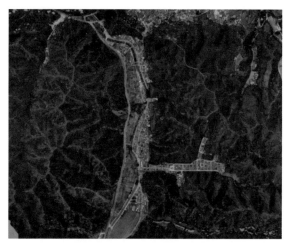

图5-1　古北口村沟域航拍图

本研究对沟域空间单元的划分借鉴了张杰、孙喆在"京津冀长城沿线核心沟域划分"中的相关方法和经验[①]。具体而言，遵循如下原则。首先，该划分对象以非平原区域的小流域为主，平原区域被剔除。其次，划定的沟域应当包含长城遗产，不含有长城遗产的单元会被去除。再次，沟域划分应遵循对称性与连续性，对称性要求长城边墙所在分水岭两边小流域均包含在内；连续性主要指若出现彼此分离的沟域，在沟域之间无遗产分布的小流域也被划定为研究范围。最后是完整性，为了保证长城遗产的完整性，应该尽可能地将其所处的历史生态环境纳入一个单元当中。

本节基于地形图和地理信息系统ArcGIS 10.6水文分析模块，实现长城沿线区域的沟域划分。为了维持沟域遗产生态单元的完整性，依据《小流域划分及编码规范》的沟域划分概念确定沟域的面积：大于3km^{2}或小于100km^2。将北京长城沿线5大流域划分为169个沟域单元，得到本研究中北京长城沿线区域的范围边界（图5-2）。如表5-1所示，对169个沟域单元进行统计，可得到各区对应的沟域数量[②]。

---

① 张杰.京津冀长城聚落保护与可持续发展——基于遗产与生态耦合的视角[M].北京：清华大学出版社，2024.
② 小部分沟域边界超出了北京边界范围，为保证连续性与完整性，将其纳入所属的区域范畴。

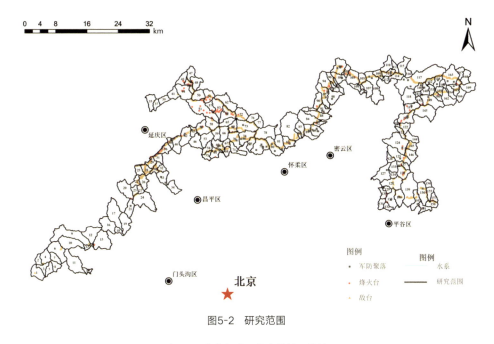

图5-2　研究范围

表5-1　北京长城沿线沟域单元统计

分区名称	门头沟区	昌平区	延庆区	怀柔区	密云区	平谷区
沟域数量	17	10	38	18	66	20

5.1.3　评估方法

1. 层次分析法

层次分析法（analytic hierarchy process，AHP）是一种用于确定复杂决策问题中各因素权重的方法，它将问题分解成多个层次，从而简化了决策过程，并通过对不同层次因素的两两比较，得出各因素的相对权重。本书采用层次分析法确定北京长城沿线区域可持续发展适宜性评价的指标权重。首先从目标层、准则层和指标层3个层级构建评价指标体系，其次将全部指标进行两两比对，通过综合的梳理判断，得到单个指标对于上一层次指标的影响程度，即为指标权重，并以此为依据，对各个指标的权重进行赋值。接着采用一致性检验判断数值的合理性，并最终确定长城沿线区域可持续发展适宜性评价体系的权重分布（图5-3）。

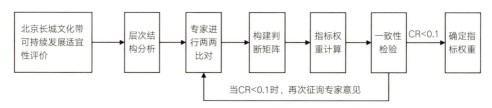

图5-3 确定评价指标权重流程图

2. 三角形图解法

除测算可持续发展适应性的总体得分以外,识别该沟域的可持续发展类型是非常重要的。三角形图解法为发展类型识别提供了可能性。三角形图解法最早由美国农业部用来分析土壤成分,确定土壤类型,而后推广至工程学、区域经济学、环境科学等领域。

具体而言,该方法利用等边三角形中3个分量的数值范围作为坐标,为三角模型建立参考框架。具体来说,利用长城沟域单元的生态、文化和社会经济适宜性作为3个主要维度,每个维度的值按比例沿三角形的一侧排列。3条平行直线分别以25%和75%的比例定位在三角形的连接点上。因此,在三角形图中划分了7个不同的可持续发展适宜性类型区域(图5-4): 生态优势型(E)、文化优势型

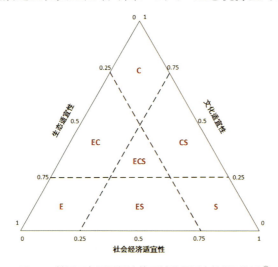

图5-4 基于三角形图解法的区域发展适宜性类型划分[①]

---

① 具体包括7种发展适宜性类型,涉及生态、文化、社会经济3个维度优势的排列组合。

（C）、社会经济优势型（S）、生态-文化优势型（EC）、生态-社会经济优势型（ES）、文化-社会经济优势型（CS）、生态-文化-社会经济平衡型（ECS）。

3. 空间自相关分析

空间自相关分析可用于分析北京长城沿线区域发展适宜性的空间相关性及其差异性，从而对发展适宜性的空间分布特征进行总体性描述。一般利用GeoDa 1.14软件进行空间自相关（spatial autocorrelation）分析，包括全局空间自相关分析和局部空间自相关分析。全局空间自相关分析，由全局莫兰指数（global Moran's I）进行测度，由公式（5-1）可知，Moran's指数的取值范围在[-1, 1]，Moran's I指数值越接近1，则表明发展适宜性得分在空间上相似且存在越显著的聚集效应；Moran's I指数值越接近-1，则表明发展适宜性得分在空间上表现为差异得分且存在越显著的聚集效应，等于0表示沟域单元在空间上相互独立。

全局空间自相关分析无法反映区域内部的空间相关性，这时候就需要局部空间自相关分析来测度长城沿线沟域之间的空间聚集与离散程度。利用GeoDa 1.14软件中的Local Moran's I工具，对区域发展适宜性得分进行分析（公式（5-2）），确定空间聚集类型。其中高-高（H-H）聚集区指高得分沟域被高得分沟域包围，为具有综合优势的发展示范组团，说明沟域组团具有发展要素外溢与辐射带动效应；低-高（L-H）聚集区指低得分沟域被高得分沟域包围，为发展增强区，表现为沟域能吸收周边沟域的辐射带动；高-低（H-L）聚集区指高得分沟域被低得分沟域包围，为具有发展驱动效应的要素聚集区域；低-低（L-L）聚集区指低得分沟域被低得分沟域包围，若没有外界刺激沟域将继续保持低水平发展。

$$Moran's\ I = \frac{\sum_{i=1}^{n}\sum_{j=1}^{n}W_{ij}(x_i-\bar{x})(x_j-\bar{x})}{S^2\sum_{i=1}^{n}\sum_{j=1}^{n}W_{ij}} \quad (5-1)$$

$$Local\ Moran's\ I = \frac{n(x_i-\bar{x})\sum_{j=1}^{n}W_{ij}(x_j-\bar{x})}{\sum_{i=1}^{n}(x_i-\bar{x})^2} \quad (5-2)$$

式中：n为沟域单元的总数；x_i为第i个沟域单元的得分值；x_j为第j个沟域单元的得分值；$\bar{x}$为沟域单元得分的平均值；S^2为方差；W_{ij}为空间权重矩阵。

计算流程为：首先，在分析沟域发展适宜性的基础上，构建发展适宜性评价体系计算适宜性指数，将结果输入ArcGIS 10.6中，绘制发展适宜性指数值的空间分布图。利用GeoDa 1.14软件中的全局空间自相关模型得到全局Moran's I，分别判断沟域单元可持续发展适宜性值的空间相关性。为进一步探索沟域发展适宜性值空间聚集的具体位置，利用GeoDa 1.14软件中的局部空间自相关方法获得沟域发展适宜性值的局部聚集特征。最后，对空间自相关分析的显著性进行了检验。

5.2 评价指标体系与空间分布特征

5.2.1 可持续发展适宜性指标体系构建

构建一套完整的综合评价指标体系是可持续发展适宜性评价中最关键的步骤之一。评价指标的构建综合了3个方面的要素，首先是依据联合国可持续发展目标构建了大致的框架，其次通过系统梳理可持续评价文献，汇总了已有文献的可持续发展指标体系，最后结合北京长城沿线区域的实际情况和数据的可获得性，最终筛选、确定了可持续发展适宜性评价指标。

1. 可持续发展目标和评价框架建立

北京长城区域的可持续发展适宜性评价体系以综合的可持续发展为目标，从文化、社会经济和生态3个维度出发构建评价体系，具体而言，本书从"目标层—准则层—指标层"3个层次建立评价体系。

目标层：明确构建评价体系的目的，从宏观层面体现出北京长城沿线区域沟域单元的可持续发展适宜性。

准则层：在目标层确定的方向下，将长城沿线区域可持续发展适宜性进行中观层面的拆分，确定影响实现遗产区域可持续发展目标的维度，这些维度之间存在着内在逻辑关系，一般在3~5项。

指标层：根据准则层中各维度的具体方面，选取微观层面的指标，这些指标合集构成了可持续发展适宜性的各个维度、长城沿线各沟域单元的发展状态与特征。

2. 发展适宜性评价指标的确定

联合国 SDGs 全球指标框架涵盖17个目标和169个亚目标，本书重点关注的可持续发展目标分别是 SDG 8.9 "促进可持续旅游业，创造就业机会并推广当地文化和产品"、SDG 11.4 "加强努力保护和维护世界文化和自然遗产"和 SDG 15.4 "保护山区生态系统，增强其提供可持续发展所需的效益的能力"。基于体现北京长城沿线可持续发展现状，本节根据联合国可持续发展目标中的 SDG 8.9、SDG 11.4 和 SDG 15.4为准则，从社会经济、文化、生态3个维度选取16个指标（表5-2），构建综合评价指标体系。

社会经济适宜性维度（B1）指标源自 SDG 8.9，旨在促进可持续旅游业创造就业机会，由路网密度、人口密度、兴趣点（point of information, POI）混合度、与主要居民点的距离、基础设施密度和服务设施密度6个指标组成[1][2][3]。该标准层重点关注长城地区的历史对当地社区的影响及其经济带动效应，以区域经济增长和居民繁荣程度为衡量标准。是长城文化带沟域聚落对遗产资源和生态条件进行综合利用的结果，主要反映沟域的产业特征及经济发展水平。

文化适宜性维度（B2）指标源自 SDG 11.4，旨在保护和利用文化遗产，包括遗产分布密度、遗产丰富度、遗产所承载价值影响力、旅游景区密度、遗产利用潜力5个指标[4][5][6]。这些指标描绘了长城地区因其长期的历史演变而具有的独特的文化品质，反映了沿线区域文物古迹和风景名胜区的价值与利用潜力。

---

[1] MOROKE T, SCHOEMAN C, SCHOEMAN I. Developing a neighbourhood sustainability assessment model: An approach to sustainable urban development[J]. Sustainable cities society, 2019, 48: 101433.

[2] CAVALCANTI C D O, LIMONT M, DZIEDZIC M, et al. Sustainability assessment methodology of urban mobility projects[J]. Land use policy, 2017, 60: 334–342.

[3] 王鹏龙, 高峰, 黄春林, 等. 面向SDGs的城市可持续发展评价指标体系进展研究[J]. 遥感技术与应用, 2018, 33（5）: 784–792.

[4] 侯妙乐, 刘晓琴, 陈军等. 基于地理空间信息的文化遗产可持续发展指标建设[J]. 地理信息世界, 2019, 26（2）: 1–6.

[5] JIANG P, SHAO L, BAAS C. Interpretation of value advantage and sustainable tourism development for railway heritage in China Based on the analytic hierarchy process[J]. Sustainability, 2019, 11: 6492.

[6] Ong E C, 张朝枝. 文化遗产旅游促进联合国2030年可持续发展目标的路径[J]. 旅游学刊, 2023, 38（8）: 3–5. DOI: 10.19765/j.cnki.1002–5006.2023.08.002.

表5-2 发展适宜性评价体系指标

目标层	准则层	指标层
发展适宜性评价（A）	社会经济适宜性-SDG 8.9（B1）	路网密度（C1） 人口密度（C2） POI混合度（C3） 与主要居民点的距离（C4） 基础设施密度（C5） 服务设施密度（C6）
	文化适宜性-SDG 11.4（B2）	遗产分布密度（C7） 遗产丰富度（C8） 遗产利用潜力（C9） 旅游景区密度（C10） 遗产所承载价值影响力（C11）
	生态适宜性-SDG 15.4（B3）	植被覆盖率（C12） 土地利用类型（C13） 与河流的距离（C14） 海拔（C15） 坡度（C16）

生态适宜性维度（B3）指标源自SDG 15.4，旨在保护山区生态系统，增强其提供的生态系统服务能力，由5个指标组成：海拔、坡度、植被覆盖率、土地利用类型和与河流的距离[1][2][3]。这些指标展现了北京长城沿线生态环境价值及其环境承载力。

如图5-5所示，文化适宜性对长城区域可持续发展起着主导作用，是长城区域发展的引领性因素；社会经济适宜性对可持续发展起着支持作用，是长城区域发展的物质基础；生态适宜性对可持续发展起着辅助作用，但同时也是长城文化带发展的限制条件。

---

[1] AKBARI M, NEAMATOLLAHI E, NEAMATOLLAHI P. Evaluating land suitability for spatial planning in arid regions of eastern Iranusing fuzzy logic and multi-criteria analysis[J]. Ecological indicators, 2019, 98: 587–598.

[2] HUANG Y, SHEN S, HU W, et al. Construction of cultural heritage tourism corridor for the dissemination of historical culture: A case study of typical mountainous multi-ethnic area in China[J]. Land, 2022, 12: 138.

[3] HE X, BO Y, DU J, et al. Landscape pattern analysis based on GIS technology and index analysis[J]. Cluster computing, 2019, 22: 5749–5762.

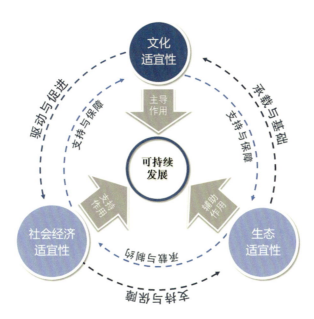

图5-5 长城沿线区域可持续发展的3个维度

3. 发展适宜性评价指标的计算

本书选取北京长城文化带的169个沟域作为基本评价单元，基于ArcGIS 10.6平台，根据专家咨询的结果对评价体系进行权重分配，各准则层和指标层的权重值如表5-3所示。因指标层原始数据涉及不同类型和值域的数据，需要进行标准化计算，应用插值法进行标准化后，各指标数值均在0~1。本书采用模糊计分法对各指标进行适宜性等级分类和赋值，即按照（高适宜性、较高适宜性、中适宜性、较低适宜性、低适宜性）的等级分别赋值（5，4，3，2，1），数值越大代表其可持续发展适宜性越强。针对可量化的指标，如植被覆盖率，本书参考了相关研究成果来制定具体的评分标准；对于定性的指标，则根据专家意见和相关研究进行适宜性的划分（表5-4）。

最后，基于权重和指标得分进行计算，加权得到准则层和目标层的综合指数。计算公式如下：

$$DSI = \sum_{i=1}^{n} W_i P(x_i) \quad\quad (5-3)$$

式中 DSI（development suitability index）为北京长城沿线沟域的可持续发展适宜性指数，W_i 为第 i 个指标的权重，$P(x_i)$ 为第 i 个指标的标准化值，n 为指标的个数。因为所有的指标都是标准化的，所以数值均在 0~1。

表5-3 北京长城沿线区域可持续发展适宜性评价指标权重

目标层	准则层	权重	指标层	权重
北京长城沿线区域可持续发展适宜性（A）	生态适宜性（B1）	0.291 3	植被覆盖率（C1）	0.081 2
			土地利用类型（C2）	0.039 1
			与河流的距离（C3）	0.049 2
			海拔（C4）	0.027 4
			坡度（C5）	0.051 8
	文化适宜性（B2）	0.347 5	遗产分布密度（C6）	0.083 1
			遗产丰富度（C7）	0.029 9
			遗产利用潜力（C8）	0.052
			旅游景区密度（C9）	0.070 4
			遗产所承载价值影响力（C10）	0.082 4
	社会经济适宜性（B3）	0.361 1	人口密度（C11）	0.118 6
			路网密度（C12）	0.046 2
			POI混合度（C13）	0.072 6
			与主要居民点的距离（C14）	0.035 4
			基础设施密度（C15）	0.097 9
			服务设施密度（C16）	0.066 4

5.2.2 适宜性评价结果分析

对长城沿线发展适宜性评价结果的分析，可以从指标层、准则层和目标层的评价结果依次入手，从而理解不同沟域单元的可持续发展适宜性，指标层评价结果反映了具体的单一指标与要素情况，准则层评价结果反映了经济社会、文化、生态3个维度的得分情况，目标层评价结果则反映了沟域发展适宜性的综合得分和总体优势度。

表5-4 可持续发展适宜性指标分级

等级	低 1	较低 2	中 3	较高 4	高 5
路网密度（km/km²）	<0.16	0.16~0.48	0.48~0.8	0.8~1.4	>1.4
人口密度（人/km²）	<48	48~107	107~195	195~420	>420
POI混合度	<0.43	0.43~0.86	0.86~1.3	1.3~1.73	>1.73
与主要居民点的距离/m	>4 000	3 000~4 000	2 000~3 000	1 000~2 000	<1 000
基础设施密度（个/km²）	<0.25	0.25~0.65	0.65~1.14	1.14~1.65	>1.65
服务设施密度（个/km²）	<0.07	0.07~0.26	0.26~0.55	0.55~0.96	>0.96
植被覆盖率/%	0~0.18	0.18~0.47	0.47~0.70	0.70~0.90	0.90~1.0
土地利用类型	建设用地	耕地	河流水系	草地	林地
与河流的距离/m	>1 200	800~1 200	500~800	300~500	0~300
海拔/m	>1 690	1 280~1 690	880~1 280	480~880	80~480
坡度/(°)	12.5~22.5	9.0~12.5	6.0~9.0	3.5~6.0	0~3.5
遗产分布密度（个/km²）	0~6	7~14	15~23	24~35	>35
遗产丰富度	0~0.14	0.14~0.47	0.47~0.70	0.70~0.90	0.90~1.0
遗产利用潜力	0~20	20~40	40~60	60~80	80~100
遗产所承载价值影响力	低影响力	较低影响力	中影响力	较高影响力	高影响力
旅游景区密度（个/km²）	<0.12	0.12~0.60	0.60~1.5	1.5~2.5	>2.5

1. 指标层评价结果

上文基于准则层中的社会经济、文化、生态3个维度，共选取16个指标进行发展适宜性评价指标计算，具体指标的计算结果如下。

社会经济适宜性维度包括路网密度、人口密度、POI混合度、与主要居民点的距离、基础设施密度和服务设施密度6个指标。路网密度与地区交通发展水平直接相关，区域内路网密度越高，交通越发达，文旅资源可达性越好。由评价结果图5-6（a）可知，北京长城沿线区域路网密度存在显著差异，延庆区的八达岭镇、怀柔区的雁栖镇与密云区的古北口镇交通路网密度最高，延庆区的香营乡与平谷区的下营镇的路网密度较低。人口密度与社会经济发展相关，由评价结果图5-6（b）可知，北京长城沿线区域人口密度大于195人/km²的沟域单元有14个，主要位于八达岭镇、四海镇、渤海镇、古北口镇与罗营镇。POI混合度与发展适宜性直接相关，混合度越高其可持续发展的限制因素就越少，不同资源设施之间相互适应与整合的能力就越高。由评价结果图5-6（c）可知，八达岭镇、四海镇、渤海镇、冯家峪镇、古北口镇、罗营镇等区域的POI混合度较高，具有较高的发展适宜性。北京长城沿线区域多数主要居民区是在长城军防关堡基础上发展而来的，由评价结果图5-6（d）可知，怀柔区、密云区和平谷区的主要居民区较为聚集，为游客的到来提供了歇脚点，方便长城遗产资源的传播与活化利用。基础设施密度是进行遗产保护与旅游开发的重要保障和支撑，某种程度上代表着区域的经济发展水平。由图5-6（e）可知，位于延庆区的八达岭镇、四海镇和渤海镇，位于密云区的新城子镇以及位于平谷区的罗营镇和黄松峪乡基础设施密度较高，具有较好的发展支撑条件。服务设施资源密度主要表现为住宿与餐饮设施的密度，体现区域的接待服务条件。由评价结果图5-6（f）可知，位于延庆区的八达岭镇、位于怀柔区的黄花城以及位于密云区的石城镇和新城子镇具有较高的服务设施资源密度，服务设施体系较为完善，发展适宜性较高。

　　文化适宜性维度包括遗产分布密度、遗产丰富度、遗产所承载价值影响力、旅游景区密度和遗产利用潜力5个指标。由遗产分布密度评价结果图5-6（g）可知，北京长城沿线区域遗产资源的空间分布呈现集聚现象，密云区长城遗产数量最多，分布最聚集，且主要集中在古北口附近，延庆区和怀柔区的长城遗产资源密度较高，平谷区、昌平区与门头沟区遗产密度较低。由遗产丰富度评价结果图5-6（h）可知，北京长城沿线地区遗产类型丰富程度最高的区域集中在延庆区和密云区，其中八达岭镇、古北口镇和新城子镇的得分最高；门头沟区与怀柔区的遗产丰富度较低，区域内遗产类型较为单一。遗产所承载价值影响力表征了遗产知名度和对公众

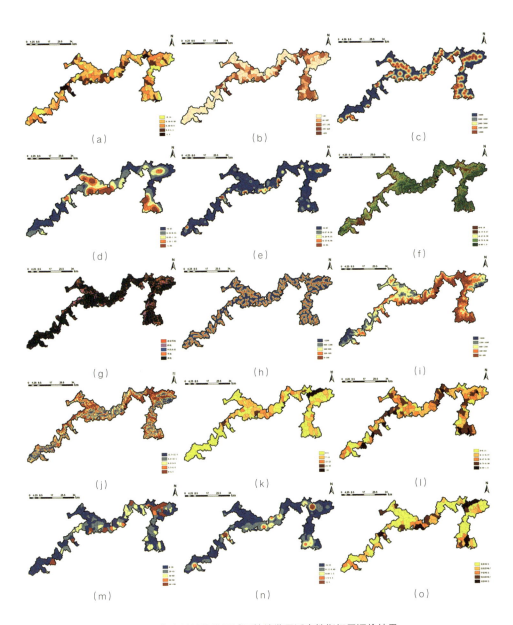

图5-6 北京长城沿线区域可持续发展适宜性指标层评价结果

(a)路网密度;(b)人口密度;(c)POI混合度;(d)与主要居民点的距离;(e)基础设施密度;(f)服务设施密度;(g)遗产分布密度;(h)遗产丰富度;(i)遗产所承载价值影响力;(j)旅游景区密度;(k)海拔;(l)坡度;(m)植被覆盖率;(n)土地利用类型;(o)与河流的距离

的旅游吸引力，高影响力的遗产资源能够促进沟域内遗产资源的展示利用。由评价结果图5-6（i）可知，八达岭镇、渤海镇与古北口镇区域有着最高的影响力，其中八达岭长城是最早修复并对外开放的旅游景区，古北水镇拥有完备的长城文化阐释体系，可以带动长城沿线遗产的展示利用。

生态适宜性维度包括海拔、坡度、植被覆盖率、土地利用类型和与河流的距离5个指标。由海拔评价结果图5-6（l）可知，北京长城沿线区域高程呈现西低东高的分布趋势，长城主体所处海拔普遍较高。由坡度评价结果图5-6（m）可知，北京长城沿线区域的整体坡度较均衡，门头沟区、怀柔区两区大部分区域坡度值较高，生态适宜性较低，不适宜开展用地建设；密云区长城文化带沟域整体坡度较缓，具有较高的生态适宜性，利于文化遗产的发展。由植被覆盖率评价结果图5-6（n）可知，门头沟区内沟域的植被覆盖率较低，怀柔区、密云区、平谷区大部分区域植被覆盖率较高，植被生长状况良好。由土地利用评价结果图5-6（o）可知，北京长城沿线区域地类空间分布上，森林分布最为广泛，草地主要分布在延庆区北部、密云区东北部和平谷区中部，耕地集中分布在中部区域，呈带状与斑块状在城乡地块周边。河流水系主要影响线性文化遗产的游憩舒适度和生态观赏的潜力，距离河流越近，其生态适宜性越高。由土地利用类型评价结果图5-6（o）可知，北京长城沿线地区河流分布广泛，多数城堡距离河流小于500m，城堡多选址于水资源丰富的区域，适合发展生态旅游、生态农业等项目，但需采取保护措施，防止人为活动对水体和生态造成不利影响。

2．准则层评价结果

（1）社会经济适宜性。社会经济适宜性是对北京长城沿线区域社会经济发展现状和潜力的衡量，该维度从人口密度、路网密度、基础设施密度、服务设施密度、POI混合度和与主要居民点的距离6个方面进行评价。评价结果空间分布情况如图5-7所示，可知北京长城沿线区域沟域单元的社会经济适宜性分为了高适宜区、较高适宜区、中适宜区、较低适宜区、低适宜区5个等级，5个等级的面积分别为29.39km²、280.23km²、434.38km²、1 078.87km²、1 363.60km²，分别占研究面积的1%、8.8%、13.6%、33.9%、42.7%。

评价结果表明，长城沿线区域经济发展不平衡情况明显，其中八达岭、黄花

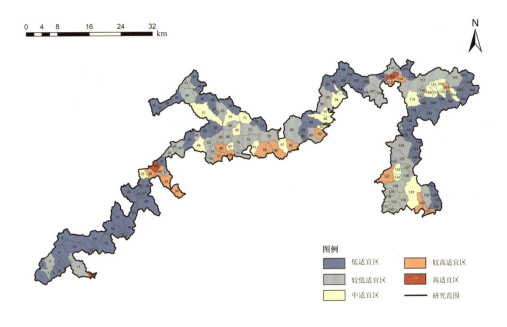

图5-7 社会经济适宜性评价结果分布

城、古北口等沟域区域的社会经济条件较为优越，拥有较密集的基础设施和支撑系统。这些地区通常能吸引大量游客并为游客提供持续稳定的服务，并促进地方经济的繁荣。然而，也存在一些地区社会经济发展相对滞后的情况。这些地方可能面临人口流失、基础设施不足、经济发展动力不足等问题。

（2）文化适宜性。文化适宜性是对北京长城沿线区域所具备的文化遗产基础与文旅发展潜力的衡量，该维度从遗产分布密度、遗产丰富度、遗产利用潜力、旅游景区密度、遗产所承载价值影响力5个方面进行评价。评价结果空间分布情况如图5-8所示，可知北京长城沿线区域沟域单元的文化适宜性分为了高适宜区、较高适宜区、中适宜区、较低适宜区、低适宜区5个等级，5个等级的面积分别为122.19km^2、133.49km^2、186.35km^2、598.79km^2、2 145.65km^2，分别占研究面积的3.8%、4.2%、5.9%、18.8%、67.3%。北京长城沿线区域文化适宜性具有明显的空间分异并呈现极化现象，门头沟区与昌平区的文化适宜性较低，高文化适宜性沟域主要呈斑块状集中在延庆区、怀柔区、密云区和平谷区。长城文化带出现了4个文

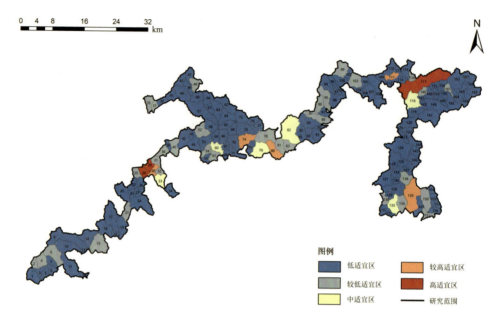

图5-8 文化适宜性评价结果分布

化适宜性较高的核心区,分别是八达岭镇、雁栖镇、古北口镇与黄松峪乡,这4个区域是北京长城沿线区域的遗产富集区,有望成为长城沿线文化旅游发展和文化遗产保护的引领区域。

(3)生态适宜性。生态适宜性是可持续发展适宜性评价需要考虑的基本要素之一。北京长城沿线区域涉及燕山、太行山脉,形成一道保卫首都的绿色屏障,应坚持生态优先,提升山区生态质量,实现可持续发展。利用ArcGIS的叠加分析对北京长城沿线区域从植被覆盖率、土地利用类型、海拔、坡度和与河流的距离5个指标入手进行评价。根据分析结果将北京长城沿线区域的生态适宜性分为了高适宜区、较高适宜区、中适宜区、较低适宜区、低适宜区5个等级,5个等级的面积分别为$313.92km^2$、$1\ 617.58km^2$、$651.71km^2$、$536.11km^2$、$67.15km^2$,分别占研究面积的9.8%、50.8%、20.4%、16.8%、2.2%。北京长城区域西段环境脆弱程度高于东段,整体上生态发展适宜性较低。生态适宜性较差的沟域面积占总面积的19%,总体上分布较为均衡,如图5-9所示。

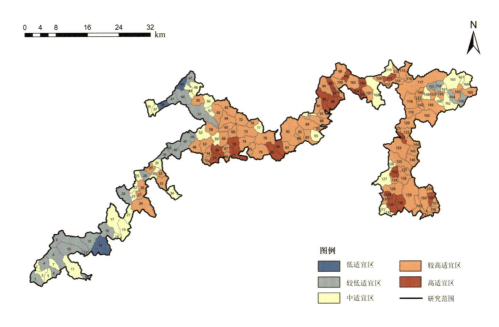

图5-9 生态适宜性评价结果分布

3. 目标层评价结果

由上述社会经济、文化与生态3个准则层叠加计算，可以得到综合发展适宜性指数，用以衡量长城沟域的可持续发展总体潜力。计算结果如图5-10所示，北京长城沿线地区沟域单元的发展适宜性分为了高适宜区、较高适宜区、中适宜区、较低适宜区、低适宜区5个等级，5个等级的面积分别为49.5km^2、400.0km^2、963.6km^2、1 189.0km^2、584.3km^2，分别占研究面积的1.6%、12.6%、30.2%、37.3%、18.3%。

高适宜性等级的沟域主要有雁栖镇长园城沟域、古北口镇上营城沟域与八达岭镇八达岭沟域，这些沟域单元在社会经济、文化与生态各个方面都有较好的可持续发展基础。这些沟域都具有较高的植被覆盖率，土地利用类型以林地和草地为主。在文化适宜性方面，这些沟域遗产分布密度高，遗产类型丰富，如八达岭长城，其遗产利用潜力高，周边的旅游景区密度也高，对游客有极强吸引力，能为当地带来显著的经济效益。此外，这些沟域的路网密度适中，POI混合度较高，基础设施和

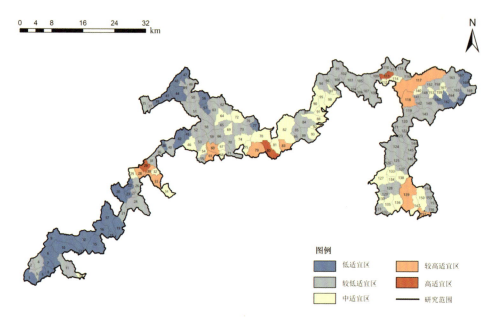

图5-10 综合发展适宜性等级分布

服务设施完善，能够为游客提供便捷的旅游服务。为了实现可持续发展，这些高适宜区需要继续加强生态保护，确保文化遗产的永续传承，并通过科学合理的旅游规划，确保旅游业与生态环境的和谐发展。

较高适宜性等级的沟域主要有八达岭镇的居庸关沟域、九渡河镇的黄花城沟域、渤海镇的田仙峪沟域、古北口镇的司马台沟域等，这些沟域与高适宜性的沟域接壤，在植被覆盖率、土地利用类型等方面与高适宜区相似但可能某些方面略逊一筹。如居庸关沟域的植被覆盖率虽然高，但其遗产分布密度与丰富度相对较低。不过由于其较突出的区位优势和历史文化价值，仍能吸引大量游客，且其适中的服务设施密度也为旅游产业发展提供了支撑。通过挖掘和传承文化遗产、优化旅游资源配置和加强生态保护等措施，这些区域有望实现更高水平的可持续发展。

中适宜性等级的沟域则呈点状、斑块状分布形态，分布在高适宜性与较高适宜性的沟域周围，主要有九渡镇的小长峪沟域、四海镇的海子口沟域、渤海镇的南冶口城堡和黄松峪乡的将军关沟域等。这些区域在植被覆盖率和遗产分布等方面表现一般。虽然这些沟域的长城文化遗产价值可能相对较低，但通过科学规划和合理定位，仍然具有一定的旅游发展潜力。同时，为促进其实现可持续发展，需要适当提高其路网密度与服务设施密度，以提高旅游活动的便捷性和舒适性。

较低适宜性和低适宜性等级的沟域呈带状分布在长城文化带的西部和东部区域，主要有斋堂镇的沿河城沟域、香营乡的白河堡沟域和不老屯镇的西坨古沟域等。这些沟域在生态环境、文化遗产和社会经济发展方面相对滞后。植被覆盖率低，长城遗产分布较少且保存状况较差。这些区域的旅游景区密度低，遗产利用潜力有限。同时，路网密度小，服务设施资源匮乏，人口密度低，给旅游发展带来了诸多不利因素。为了实现可持续发展，这些区域应优先加大生态保护力度，恢复和改善生态环境；此外，还需完善和加强基础设施建设，提高当地居民的生活水平和防灾能力。

5.3 发展适宜性类型识别与策略研判

5.2节已分析得到长城沿线各沟域的发展适宜性总分，但如何在更宏观的尺度上识别发展适宜性特征，从而确定长城沿线优势发展组团，仍是一个亟待解决的问题。此外，特定沟域的总体得分或发展优先级虽然已经得到结果，但该沟域应如何发展，或者说其发展优势方向的确定，则取决于对其发展适宜性的类型进行识别。为了解决如上两个问题，本节对可持续发展适宜性组团和沟域发展类型进行识别。

5.3.1 基于空间自相关的发展适宜性组团识别

通过5.1节提到的空间自相关分析方法，可以有效识别发展适宜性组团。图5-11描绘了利用GeoDa软件对发展适宜性得分进行空间自相关分析的结果。全局空间自相关莫兰指数（Moran's I）为0.528，这表明研究区的发展适宜性值具有较强的空间自相关性和空间聚类性。图5-11表明，沟域单元大部分分布在第一象限和第三象限，表明高发展适宜性沟域单元彼此聚集，低适宜性沟域单元彼此聚集，即这些沟域的发展适宜性具有很强的空间正相关性，同时也在一定程度上表明北京长城沿线沟域发展差异较大，呈现空间极化效应。

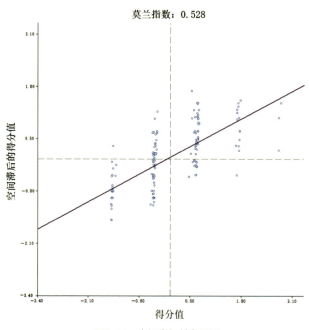

图5-11 空间自相关象限图

空间自相关显著性分析结果表明，在发展适宜性高度聚集的大多数沟域当中，显著性水平接近5%。其他沟域的显著性水平为1%。相关性显著的沟域组团相对均衡地分布在长城沿线6个区。在制定长城沟域发展策略时，可以优先考虑空间自相关程度高的高值区域，使其成为区域发展的增长极（图5-12）。此外，沿河城组团规模最大且为低-低（L-L）聚集，这是由于该地区处于缺乏产业资源、文化资源相对薄弱的区域。

全局空间自相关只能表明发展适宜性得分在沟域尺度上存在相关性，无法具体表现出沟域内部变化性。局部空间关联指标（local indicators of spatial association, LISA）聚集图可以从空间位置展示沟域发展适宜性聚集或分散的情况，可以直观展示沟域发展适宜性局部自相关的聚集离散等情况。因此，对北京长城沿线沟域发展适宜性指数进行局部空间自相关分析，使用LISA聚集图从空间位置显示沟域发展适宜性聚集或分散的情况。

根据图5-13所示，沟域发展适宜性的高-高（H-H）聚集型集中在长城文化带的中部、东部，占沟域单元总数的26.6%，主要分布在延庆区、怀柔区、密云区与

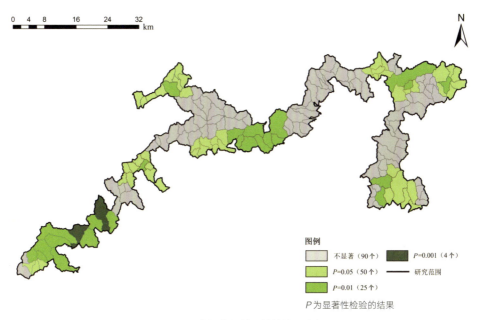

图5-12 空间自相关显著性结果分布

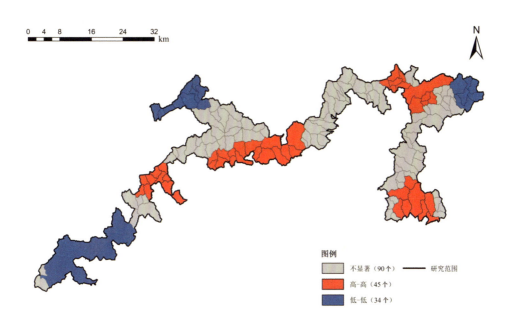

图5-13 空间自相关聚集性结果分布

平谷区4区；低-低（L-L）聚集型沟域占23.6%，主要集中在长城文化带的西部与东北部，分布在门头沟区、延庆区与密云区3区。北京长城沿线地区具有极强的空间开放性和网络连接性，一个沟域的发展适宜性往往会影响到周边沟域。

基于以上分析可得出7个发展组团（图5-14），包括八达岭组团、黄花城组团、古北口组团和马兰峪组团等4个高-高（H-H）聚集组团，以及沿河城组团、白河堡组团和黑谷关组团等3个低-低（L-L）聚集组团。其中高-高（H-H）聚集组团为具有明显的发展优势，文化、经济和生态条件整体水平较高。这4个组团在国家文化公园建设的背景下，可规划建设为重点发展组团，形成长城沿线多元发展示范区，对周边地区积极发挥带动效应。

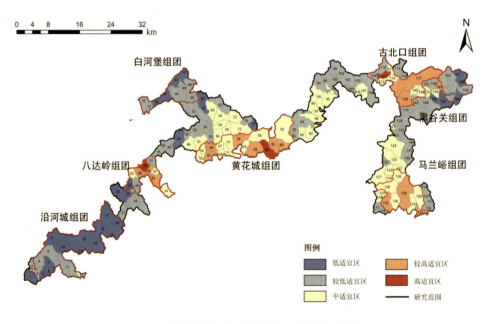

图5-14 北京长城沿线可持续发展适宜性组团分布

5.3.2 可持续发展适宜性类型识别

为探究长城沟域单元发展适宜性类型，本节采用5.1节提到的三角形图解法对其进行分类。值得注意的是，根据前述指标计算结果，其中99个沟域单元可划分为7种适宜性类型，分别是：生态优势型（E）、社会经济优势型（S）、文化优势型

（C）、生态-社会经济优势型（ES）、生态-文化优势型（EC）、文化-社会经济优势型（CS）以及生态-文化-社会经济平衡型（ECS），如图5-15所示。此外的70个沟域单元为无优势类型，因此不在该图中体现。这一方法的应用能够更清晰地揭示各沟域单元在生态、文化和社会经济3个维度上的优势与特点。这些类型组合不仅反映了沟域单元在不同维度上的发展潜力，也为本章制定针对性的发展策略提供了重要依据。

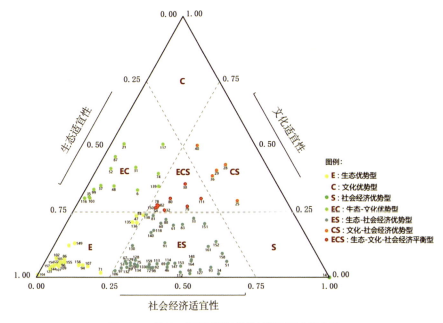

图5-15　基于三角形图解法的沟域发展适宜性分类

北京长城沿线地区沟域单元数量最多的有3种发展类型（表5-5）：以白道峪堡沟域为代表的生态-社会经济优势型（45个）、以西湾子堡沟域为代表的生态优势型（24个）和以白马关堡沟域为代表的生态-文化优势型（15个）。这些类型综合占据了沟域单元的一半以上。数量较少的沟域有生态-文化-社会经济平衡型（9个）、文化-社会经济优势型（5个）和社会经济优势型（1个）。

其中，生态-文化-社会经济平衡型沟域是指在生态、文化和社会经济3个维度均具有突出发展优势的单元，占沟域总数的5.3%。如图5-16所示，这种类型分布在昌平区、延庆区、密云区、平谷区4区，与空间自相关分析法得到的优势组团分

表5-5 沟域单元发展适宜性类型与比例

类型	沟域数量/个	占比/%	面积/km²	代表性沟域
生态-社会经济优势型（ES）	45	26.6%	699.85	89（白道峪堡沟域） 97（冯家峪堡）
生态优势型（E）	24	14.2%	364.11	95（西湾子堡沟域） 135（鱼子山堡沟域）
生态-文化优势型（EC）	15	8.9%	400.88	99（白马关堡沟域） 117（司马台堡沟域）
生态-文化-社会经济平衡型（ECS）	9	5.3%	228.37	79（慕田峪堡沟域） 111（古北口堡沟域）
文化-社会经济优势型（CS）	5	3.0%	71.51	29（岔道堡沟域） 40（三司堡沟域）
社会经济优势型（S）	1	0.6%	5.44	14（斋堂镇堡沟域）
文化优势型（C）	0	—	—	—
无优势型（U）	70	41.4%	1 416.30	—

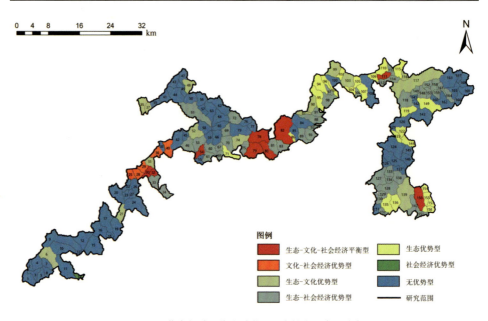

图5-16 北京长城沿线沟域发展适宜性类型空间分布

布大致对应，这进一步印证了区域发展极化效应的判断。这些沟域在北京长城沿线区域扮演着驱动发展的重要角色，例如，八达岭、古北口、黄花城等几个核心沟域可以带动所属区域的发展增长极，也为其他沟域的发展策略制定提供了有益借鉴。

在生态、文化和社会经济3个维度中的2个方面具有优势的沟域单元有65个，占沟域总数的46.2%，这种双优势型发展单元大量存在，表明近一半的沟域应当采用更为综合的发展策略，积极利用区域内的文化资源、生态资源和旅游设施资源，实现长城大面域的整体提升。这些区域遗产与生态资源丰富，但资源优势尚未转化为发展优势。在长城沿线A级景区大多满载甚至超载的情况下，这些区域的发展能有效缓解特定景区的游客过载压力。

值得注意的是，在这些沟域中，单一生态适宜型和含有生态优势的复合型沟域总数为93个，占沟域总数的55%，这一数据不仅凸显了生态优势在北京长城沿线地区中的普遍性，也从侧面反映了这些区域在生态保护方面取得的积极成效。从长城遗产保护和可持续发展的视角来看，长城地区普遍适合于生态旅游发展路径，这有助于生态保护和经济发展的协同推进。其中，单一生态适宜性沟域主要集中在密云区和平谷区，这表明密云区、平谷区的长城区域应积极推进生态旅游发展策略，破解保护限制下的区域发展难题。

5.3.3 可持续发展对策研判

上文通过空间自相关分析得出北京长城沿线地区7个沟域组团，其中高-高（H-H）聚集的组团为多元示范区，具有较好的生态、文化与社会经济综合优势。而低-低（L-L）聚集的组团为重点提升区，其内部沟域多数不具备优势，基础薄弱发展压力大。本节针对以上两类典型组团开展分析，提出相应的可持续发展对策。

1. 多元示范型沟域组团的发展对策

通过上述研究得出的多元示范型沟域组团有：八达岭组团、古北口组团、马兰峪组团与黄花城组团。其中，八达岭组团具有较好的经济基础，可作为长城遗产-产业驱动的发展示范区；马兰峪组团具有较好的生态优势，可结合四座楼景区与平谷区桃花海等自然资源，建设长城遗产-生态驱动的发展示范区；黄花城组团内部长城遗产资源丰富，可作为长城遗产驱动的发展示范区。在4个组团中，古北口组团社会经济、文化与生态3个维度均具有一定优势，下文以古北口组团为典型案例，围绕多要素动态协同目标，阐释多元示范型典型沟域的可持续发展策略。

如图5-17所示，古北口沟域组团各个沟域在16个评价指标上都具有较高的得分。如古北口镇城沟域和司马台沟域具有较高的遗产利用潜力与旅游景区密度，这与古北口实际发展现状相契合，验证了空间自相关与三角形图解法对北京长城沟域类型与组团的识别结果。

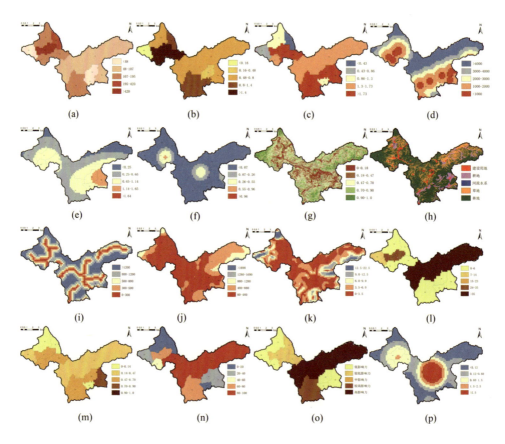

图5-17 古北口组团沟域发展适宜性评价结果

（a）人口密度；（b）路网密度；（c）POI混合度；（d）与主要居民点的距离；（e）基础设施密度；（f）服务设施密度；（g）植被覆盖率；（h）土地利用类型；（i）与河流的距离；（j）海拔；（k）坡度；（l）遗产分布密度；（m）遗产丰富度；（n）遗产利用潜力；（o）遗产所承载价值影响力；（p）旅游景区密度

立足于古北口沟域生态限制条件和遗产、文旅要素现状，本节给出如下总体发展建议。工业发展应推动组团内高能耗、高水耗产业的疏解，逐渐淘汰能耗、水耗等级高的产业，支持低能耗、低水耗产业的发展需求。农业上应大力发展生态农业，推广节水灌溉方式、调整农业种植结构。古北口组团内沟域单元在生态维度上具有优势，且临近密云水库集水区，属于生态敏感地带，如潮河关沟域（ES型）、河西沟域（E型）等，需落实"保水责任"，可依托本区域生态资源优势，发展特色种、养殖业，在保障生态安全的基础上促进农民增收。服务业上，古北口组团有着丰富的自然和文化遗产资源，可将重点放在旅游项目建设上，促进可持续旅游业，创造就业机会。重点选取上营堡沟域（生态-文化-社会经济平衡型）、潮河关沟域（生态-社会经济优势型）与古北路城沟域（生态-文化优势型），围绕长城遗产、红色遗迹和民俗文化，整合沟域旅游资源，打通沟域交通瓶颈，在古北口长城遗产资源集中区建设长城文化旅游带，沿潮白河建设生态旅游体验带，并出台相应政策，促进旅游业与文化创意产业的深度融合。在古北口沟域组团内的各个村镇因沟制宜开发骑行、越野、自驾、徒步等旅游业态。从图5-17（c）、（e）、（f）可以看出，古北口组团内部基础设施与服务设施仍有提升空间，其中令公堡沟域（生态-社会经济优势型）与新城子沟域（生态-社会经济优势型），应提升民宿品质和餐饮卫生，满足个性化、沉浸式的旅游体验。

图5-18为古北口组团10个沟域在生态、文化与社会经济3个维度适宜性得分的对比情况，可以看出古北口组团各个沟域在生态上具有较高的韧性，可推进生态修复、建设景观廊道。沟域文化与社会经济情况尚佳，如上营堡沟域、古北口镇沟域、司马台沟域与令公堡沟域，可通过这些沟域的发展带动周边社会经济水平的提升。本书结合可持续发展目标与古北口组团内沟域单元实际情况，从文化、生态与社会经济3个维度提出具体发展策略。

（1）保护传承文化遗产，推动遗产智能化管理。为更好地保护古北口组团内的长城遗产，可针对沟域实施文化遗产保育计划。结合公众教育，通过建立访客中心、举办讲座和展览等形式，提升公众对保护文化遗产重要性的认识。通过这种方式，既可以提升遗产保护工作的社会参与度，也为游客提供了丰富的文化体验。其次，古北口沟域具有丰富的文化遗产，可以将上营堡沟域（生态-文化-社会经济平衡型）、古北口镇沟域（生态-社会经济优势型）内的卧虎山、蟠龙山、潮河

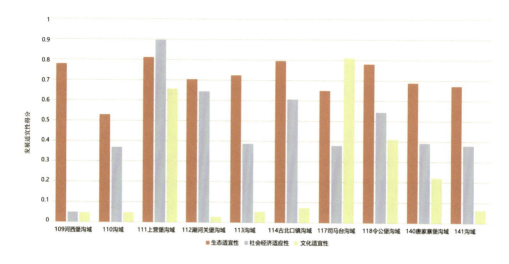

图5-18 古北口组团内沟域发展适宜性得分比较

关村、古北口镇与古北口村等点串起来作为"古北口关堡长城文化探路线路"。此外，随着科技的发展，利用数字化技术实现文化遗产的智能化管理已经成为可能，密云区古北口组团沟域可以投资开发利用物联网（IoT）技术对文化优势型沟域如上营堡沟域（ECS型）与古北口镇城沟域（EC型）内的遗产进行实时监控，保障文化遗产的完好无损。通过智能传感器、无人机等技术手段，可以实时监测遗产状态，及时发现和防控潜在风险。

（2）修复长城生态，建设文化景观廊道。通过生态风险评估和环境监测等手段，对古北口组团内的水土流失问题展开治理。如图5-17（g）、（h）所示，古北口组团内建设用地与耕地占比高，且周边植被覆盖率较低，为此需要建立长城周山体水系生态保护的长效机制，有序推进沟域生态治理工程，以实现该组团长城文化景观廊道建设，保护沟域生态系统，增强其生态系统服务能力。着重关注长城所属山川河谷环境修复，合理调控长城文化带内的人口和经济活动，传承和修复历史文化景观，营造具有景观价值和水源涵养功能的自然生态系统。

（3）推动区域综合发展，建立多元治理模式。在探讨北京长城沿线地区古北口沟域组团的可持续发展策略时，遗产保护、经济发展的协同推进显得尤为重要，建立多元治理模式是提升综合发展能力的重要途径。一方面政府、社区、企业和非营利组织等应共同参与长城沟域的保护和发展。政府应制定相关政策和措施，提供制度保障；社区应发挥自身优势，积极参与文化遗产保护和旅游发展；企业则可以提供资金和技术支持，推动项目的实施；非营利组织则可以发挥监督和倡导作用，确保各项工作的顺利进行。这种多元化管理模式能够充分调动各方积极性，形成合力，共同推动古北口组团沟域的可持续发展。

综上所述，对于古北口组团，本研究提出"一轴、两区、多点"的空间发展格局（图5-19），其中"一轴"指的是长城文化历史轴，依托长城建设历史文化轴线；"两区"指的是历史文化体验区与景观廊道区；"多点"是古北口长城、司马台长城、仙居谷、云岫山等风景点。

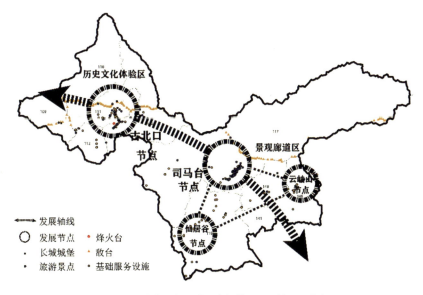

图5-19　古北口组团发展空间格局：一轴两区多点

2. 重点提升型沟域组团的发展策略

通过上述空间自相关分析得出的低-低（L-L）沟域组团有：沿河城组团、黑谷关组团与白河堡组团，针对该类型的组团，应提出重点提升策略。本节选取沿河城组团作为典型案例，挖掘组团内已有生态与历史资源，有针对性地制定可持续发展策略。

沿河城组团各沟域16个评价指标的得分情况不容乐观，整体呈现出较弱的可持续发展适宜性，组团内多数沟域的基础设施建设水平较低，但是斋堂镇沟域在组团内有较高的得分表现，可作为重点沟域进行发展。组团内的植被覆盖率分布差异化特征明显，组团西部沟域单元具有较高的植被覆盖率、土地利用类型以林地为主，且分布着灵山、龙门涧风景区与地质遗产，相比之下组团东部则具有较低的植被覆盖率，需要采取生态修复措施补足生态短板，提升生态风险应对能力（图5-20）。

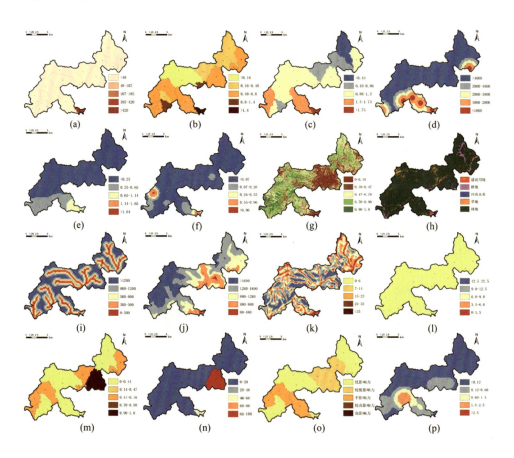

图5-20 沿河城组团沟域发展适宜性评价结果

(a) 人口密度；(b) 路网密度；(c) POI混合度；(d) 与主要居民点的距离；(e) 基础设施密度；(f) 服务设施密度；(g) 植被覆盖率；(h) 土地利用类型；(i) 与河流的距离；(j) 海拔；(k) 坡度；(l) 遗产分布密度；(m) 遗产丰富度；(n) 遗产利用潜力；(o) 遗产所承载价值影响力；(p) 旅游景区密度

基于文化遗产与产业要素的分布情况，结合生态环境限制条件，沿河城组团可制定如下总体发展策略。工业上实现沿河城组团工业转型与升级，逐步淘汰落后产能，关闭或改造高污染、高能耗企业，推动工业向绿色、低碳、循环方向发展。农业上通过推广智慧农业技术和生态农业模式，实现农业现代化与特色化。门头沟区利用其自然条件和文化特色，发展特色农产品种植和加工，打造地理标志品牌，提升农产品的竞争力。特别是在龙门涧沟域与爨底下村沟域，通过生态农业的推广，强化农业生态保护，并依托生态优势增强农产品市场竞争力，为当地农民开拓增收渠道，促进农业可持续发展。服务业上：以斋堂城堡沟域（S型）与爨底下村沟域为重点，完善服务设施，融合文化旅游、绿色休闲等新型产业，形成综合承载区域，推动全域可持续发展。

图5-21为沿河城组团内10个沟域在生态、文化与社会经济3个维度适宜性得分的对比情况，可以看出沿河城组团各个沟域在社会经济适宜性维度与文化适宜性维度具有较大的差异性，生态适宜性维度得分相对平均，其中爨底下村沟域、斋堂镇沟域与沿河城堡沟域可作为沿河城组团的重点发展对象。下文从文化、生态与社会经济3个维度结合可持续发展目标提出具体的提升策略。

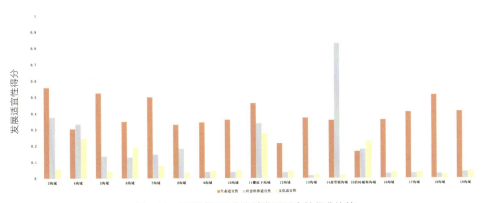

图5-21 沿河城组团内沟域发展适宜性得分比较

（1）推动长城文化传承，制定研学科普路线。北京长城沿线地区沿线聚落是中国北方地区传统文化的集中地，同样也是非物质文化遗产荟萃的地区，如爨底下村沟域具有燕歌戏等非物质文化遗产。针对沿河城沟域内聚落非遗开展系统调查，对地方传说、表演艺术、节庆活动、传统手工艺,以及地方生产方式与礼俗信仰文化进行系统化保护。促进文化产业与旅游业融合发展,依托文化遗产资源发展文化创意产业和旅游业,打造特色文化品牌和旅游线路,更好地实现文化遗产的可持续发展。整合沿河城组团沿线地质遗迹景观、长城遗产资源,制定数条文旅路线,如永定河流域、灵山风景区一带;沿河城组团地区为西山核心区,地质资源丰富,可选取爨底下村沟域建设长城-地学研学基地,为地学科研、教学提供天然实习场所。对于沿河城堡长城遗产资源,应对区域内的长城遗产进行系统性阐释与展示,包括设计展示线路、设置展示分区、配套建设展示服务设施。

(2) 推进生态修复工作,发展文化-自然旅游。长城文化带的生态保护工作旨在修复因历史上过度开发导致的生态退化现象。生态修复工程首先需要开展科学评估,明确受损生态系统的现状,这包括植被覆盖率与水源保护状况等。同时,以沿河城沟域组团内"爨底下村、柏峪村"等传统村落所在沟域为代表,划定遗产保护紫线和生态保护红线,制定合理的景区规划和管理措施。沿河城组团不仅拥有长城遗产资源,还具有丰富的地质遗迹资源,沿河城遗迹集中区主要包括峡谷地貌、花岗岩地貌等。为更进一步实现可持续发展目标,沿河城沟域组团可基于自身的生态资源,选取沿河城沟域与爨底下村沟域为试点,以地质遗产为基础,加强与周边景区的旅游业合作,共同打造地质博物馆-长城遗产旅游的"金名片",依靠爨底下村"中国传统村落"的知名度把地质博物馆理念和长城遗产文化传播出去。

(3) 完善基础服务设施,增进社区民生福祉。由图5-20(b)、(e)、(f)可知沿河城组团的交通系统、基础设施和服务设施有较大短板。应结合长城开放景区的设置,优化完善道路系统,以徒步道、绿道、自行车道、快捷线路等多样的交通方式提升可达性;完善以公共交通为主的长城交通接驳系统,结合长城文化带绿道体系,初步构建沿河城组团的慢行道路系统。开展长城文化与沟域产业融合试点,完善长城沿线村庄的基础设施,对重点城堡聚落开展环境整治和基础设施改造工作,完善教育、医疗、文化等公共服务设施,提升公共服务质量和水平。

综上所述,本研究针对沿河城组团提出"一核、两轴、多节点"的空间发展格局(图5-22),其中一核指生态资源凝聚核,两轴指长城-地质博物馆发展轴与东灵山-沿河城旅游发展轴,多节点是东灵山风景区、沿河城城堡、爨底下村、柏松峪民俗旅游村等文化景观资源点。

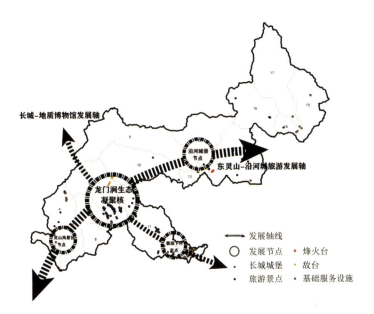

图5-22 沿河城组团空间发展格局：一核、两轴、多节点

第 6 章
自然与文化融合的长城沿线区域景观特征评估

大明官员雷宗①在考察长城关沟区域时，作《居庸八景》诗24首，极力赞颂了居庸胜迹。其中，《玉关天堑》诗云：

>锁钥重重障帝京，麾飞设险树旌旄。
>
>路从天际来高下，山自昆头起峻平。
>
>树拥仓龙飞宝戟，石排白豹镭神兵。
>
>我知天意兴明运，故设雄关玉垒生。

这首诗展现了诗人对长城沿线景观的细腻观察，突出了长城作为景观的价值。诗人用旌麾、道路、山体、树木、边墙（仓龙）、垒石等一系列景观意象的组合，勾勒出一幅令人印象深刻的长城沿线景观"画卷"。长城"居庸八景"始见于明代，据明嘉靖年间巡按西关御史王士翘②所著《西关志》记载，"居庸八景"分别是玉关天堑、石阁云台、叠翠联峰、双泉合璧、汤泉瑞霭、琴峡清音、驼山香雾、虎峪晴岚。历史上，对长城景观的丰富描述广泛分布于长城沿线的诗文、碑刻中，古北口长城的清代诗词、箭扣长城的摩崖石刻③，均体现出古人对于长城沿线景观特征的敏锐洞察和情有独钟。

这种军事遗产与自然环境紧密结合形成的文化景观特征，一直传承至今，并被官方保护文件所肯定。2019年文化和旅游部、国家文物局联合发布《长城保护总体规划》，指出"长城是古建筑与古遗址两种遗存形态并存、以古遗址遗存形态为主的文化遗产，并具有突出的文化景观特征"。长城是建筑与景观融合的典范，形成了涵盖大范围自然地理单元的完整文化生态系统。国际古迹遗址理事会军事城防类遗产科学委员会于2021年颁布了ICOMOS 军事城防类遗产导则④。作为遗产学界有关军事城防类遗产的首个国际性导则，该文件拓展了传统军防遗产的保护范围，建议将军事城防设施和周边的文化景观进行协同保护管理与价值评估。长城遗产的保护，既要继续关注遗产本体，更要关注它周围环境的真实性与完整性。

---

① 雷宗，北直隶隆庆卫军籍，明弘治十五年（1502年）进士、曾任四川道御史。
② 王士翘，明嘉靖十七年（1538年）进士，曾任直隶监察御史等。嘉靖二十六年（1547年），出任巡按西关御史，巡察居庸、紫荆、倒马、固关四关。在任期间，他广集资料，造册画图，悉心巡察并编纂《西关志》。
③ 怀柔区渤海镇龙泉庄村北沟中，共有十处摩崖石刻，系明万历年将士守边、官员巡边时题写，内容包括"观澜""如堆""苍岩翠柏""仰视见天""天限华夷""一泻千里"等。
④ ICOFORT. ICOMOS Guidelines on Fortifications and Military Heritage, 2021.

北京长城沿线区域是大尺度线性文化遗产区域的典型代表，也是历史文化和自然生态永续利用的代表性地区[①]。《北京市长城文化带保护发展规划（2018年至2035年）》对长城历史文化遗产和自然生态环境提出了保护要求[②]。但北京长城文化带作为自然与文化高度融合的区域，其景观特征类型研究尚有欠缺，长城及其周边环境结合形成的特定景观肖像亟待被描绘。本章针对北京长城沿线区域，尝试构建自然景观与文化遗产相融合的景观特征类型识别方法，并进一步探究其自然生态环境与历史文化遗产的深层耦合关系及形成机制，从而为长城国家文化公园的建设与规划提供科学依据。

6.1 自然与文化融合的景观特征评估方法

6.1.1 遗产区域景观特征评估的理论与方法

自然与文化的连接越来越成为遗产领域的重要议题[③④]。尽管数十年来在世界遗产保护中存在自然和文化的二元分离[⑤⑥]，1992年引入"文化景观"概念则标志着一场填补自然与文化分离的革命，重新构建了它们的价值认知[⑦]。了解文化景观的进化过程和机制对于它们的发展、保护和管理至关重要[⑧]。在此背景下，2013年国际古

---

① 汤羽扬，蔡超，刘昭祎. 北京市长城文化带保护发展规划编制回顾 [C]// 万里长城：庆祝中华人民共和国成立70周年论文集，2019：36-41.
② 北京市文物局. 北京市长城文化带保护发展规划（2018年至2035年）[R]. 北京：北京市文物局，2018.
③ ICOMOS, IUCN. Connecting Practice project: final report[R]. Charenton-le-Pont, France & Gland, Switzerland, 2015.
④ RÖSSLER M, NAKAMURA A. World heritage cultural landscapes: The routledge handbook of cultural landscape heritage in The Asia-Pacific, 2022: 78-99.
⑤ TAYLOR K. Landscape and meaning: Context for a global discourse on cultural landscape values[J]. Managing cultural landscapes, 2012: 39-62.
⑥ ZHANG R, WANG J, BROWN S. "the charm of a thousand years": Exploring tourists perspectives of the "culture-nature value" of the humble administrator's garden, Suzhou, China[J]. Landscape research, 2021, 46(8): 1071-1088.
⑦ TAYLOR K, LENNON J. Cultural landscapes: A bridge between culture and nature?[J]. International journal of heritage studies, 2011, 17(6): 537-554.
⑧ GONG Z. The evolutionary process and mechanism of cultural landscapes: An integrated perspective of landscape ecology and evolutionary economic geography[J]. Land, 2022, 11(11): 2062.

迹遗址理事会和世界自然保护联盟启动了"连接实践"（connecting practice）、"自然-文化之旅"（nature-culture/culture-nature journey）等项目，用来对已登录为自然遗产或文化遗产的地点进行合作性考察，以深入理解遗产地中自然和文化之间的关系，并积极推广自然和文化综合管理方法。从遗产学角度来看，文化遗产取材于自然环境，具备景观属性，而景观学方法则是感知和理解自然与文化联系的纽带[1]。

目前，"自然-文化之旅"项目需要利用数字工具建立一个衔接文化和自然遗产的工具或方法，以评估发展中遗产的价值，促进对遗产自然及其价值的整体认知[2]，实现从保护理念到实际保护实践的升级。这一项目旨在打破自然与文化二元分离的格局，促进更全面、协同的遗产管理，为保护和传承自然与文化的联系提供切实的途径。

景观特征评估（landscape character assessment）是一套欧洲景观公约（European landscape convention）核心公认的技术和程序[3][4][5]，用于识别具有不同特征的国家、区域或地方，包括景观特征化过程和根据景观特征作出判断的过程，可以用来整合自然和文化景观以及人们的感知。景观特征分类提供了一种交流参考工具，可以促进研究、管理和规划人员更好地理解景观资源[6][7]，使决策者能够考虑该地区未来的景观规划和发展策略。目前景观特征识别方法在欧洲各国进行了

---

[1] KYVELOU S S, GOURGIOTIS A. Landscape as connecting link of Nature and culture: Spatial planning policy implications in Greece[J]. Urban science, 2019, 3(3): 81.

[2] BROWN S. Connecting nature cultures: a Global issue arising from western philosophy[J]. Chinese landscape architecture, 2020, 36(10): 11–17.

[3] SWANWICK C. Landscape character assessment: guidance for England and Scotland[R]. UK, 2002.

[4] BUTLER A. Dynamics of integrating landscape values in landscape character assessment: the hidden dominance of the objective outsider[J]. Landscape research, 2016, 41(2): 239–252.

[5] FAIRCLOUGH G, SARLÖV H, SWANWICK C. Routledge handbook of landscape character assessment: current approaches to characterisation and assessment. London: Routledge, 2018.

[6] BUTLER A, ÅKERSKOG A. Awareness-raising of landscape in practice: an analysis of landscape character assessments in England[J]. Land use policy, 2014, 36: 441–449.

[7] TERKENLI T, GKOLTSIOU A, KAVROUDAKIS D. The interplay of objectivity and subjectivity in landscape character assessment: qualitative and quantitative approaches and challenges[J]. Land, 2021, 10(1): 53.

多样化的研究和实践，常用于国土空间规划[①②]、土地利用管理[③]和其他基于土地举措的应用[④]。我国学者对全国、城市、保护区、国家公园等尺度区域景观特征也展开了一系列研究[⑤⑥⑦]。国内学者对景观特征类型的研究大多基于自然景观要素[⑧⑨]，缺少针对文化遗产要素的景观特征类型评价；而对文化遗产区域的景观特征类型研究大多使用文化景观基因方法[⑩⑪]，且多集中于传统村落区域[⑫⑬]，很少涉及对大尺度线性遗产区域的研究；将自然景观要素与文化景观要素相结合的研究，更有利于自然资源的可持续发展和文化景观的传承，但基于自然景观要素与文化遗产要素相融合的景观特征类型识别的研究尚属空白。

考虑到长城沿线文旅开发的普遍情形，以及部分长城段面临城市化进程和基础设施建设的重大影响，建立基于真实性、完整性认知的周边景观保护策略是长城遗产保护利用的迫切需求。但目前长城遗产保护仍然普遍局限于将其当作建筑物与考

---

① BROWN G, BRABYN L. The extrapolation of social landscape values to a national level in New Zealand using landscape character classification[J]. Applied geography, 2012, 35(1–2): 84–94.

② CARLIER J. A landscape classification map of Ireland and its potential use in national land use monitoring[J]. Journal of environmental management, 2021, 289: 112498.

③ GUNEROGLU N. Coastal land degradation and character assessment of southern Black Sea landscape[J]. Ocean & coastal management, 2015, 118: 282–289.

④ GKOLTSIOU A, PARASKEVOPOULOU A. Landscape character assessment, perception surveys of stakeholders and SWOT analysis: a holistic approach to historical public park management[J]. Journal of outdoor recreation and tourism, 2021, 35: 100418.

⑤ WU Y, WANG H, ZHANG B. Landscape character diversity and zoning management: case of wuhan metropolitan area[J]. Journal of urban planning and development, 2021, 147(1).

⑥ MOU J, CHEN Z, HUANG J. Predicting urban expansion to assess the change of landscape character types and its driving factors in the mountain city[J]. Land, 2023, 12(4): 928.

⑦ ZHAO Y. The application of landscape character classification for spatial zoning management in mountainous protected areas: a case study of Laoshan National Park, China[J]. Heliyon, 2023, 9(3).

⑧ 孙乔昀, 张玉钧. 自然区域景观特征识别及其价值评估：以青海湖流域为例[J]. 中国园林, 2020, 36（9）：76–81.

⑨ 张天骋, 高翅. 武当山风景名胜区五龙宫景区风景特质识别研究[J]. 中国园林, 2019, 35（2）：54–58.

⑩ 郑文武, 李伯华, 刘沛林, 等. 湖南省传统村落景观群系基因识别与分区[J]. 经济地理, 2021, 41（5）：204–212.

⑪ 董禹, 费月, 董慰. 基于文化景观基因法的赫哲族传统聚落文化景观特征探析：以四排赫哲族乡为例[J]. 小城镇建设, 2019, 37（3）：98–105.

⑫ 李果, 王艺颖. 湘西州传统村落景观类型与关键特征识别研究[J]. 中国名城, 2021, 35（3）：90–96.

⑬ 向远林. 陕西传统乡村聚落景观基因变异机制及其修复研究[D]. 西安：西北大学, 2020.

古遗址的"传统"文化遗产概念[1][2]，很少将长城与其所在的自然环境进行综合性研究，忽略了长城遗产区域的自然景观和文化遗产的深度耦合关系[3]。自然与文化的融合是线性遗产区域可持续发展的重要驱动力。因此，应当对长城文化景观展开系统性研究，以文化遗产和自然景观的深度耦合关系促进对长城遗产价值的深刻认知，整体保护文化遗产与自然景观共同构成的区域性遗产网络。

6.1.2 研究区域、方法与数据

北京长城自古承担着拱卫都城安全的军事功能，是保存最完好、价值最突出、工程最复杂、文化最丰富的段落。同时，北京长城文化带不仅有多样化的地形地貌、丰富的植被和野生动物等自然景观资源，还包括了具有重要历史价值的文化遗迹、村落风貌等文化景观要素，是典型的自然风光与历史文化融合的景观区域。本章节以北京长城文化带核心区为研究对象进行基于自然与文化耦合关系的景观特征评估。本书以《北京市长城文化带保护发展规划（2018年至2035年）》中划定的"北京长城文化带核心区"为研究区域，它是文化遗产要素最密集、历史文化价值最突出的区域，包括长城遗产保护范围和一类建设控制地带。该带状区域以长城边墙为骨架，最远处距长城9.5km，最近处距长城0.5km，面积共计2 228.02km^2（图6-1）。辐射区为除核心区以外的其他区域，面积2 701.27km^2。

此次研究参考了英国、新西兰、中国香港等地的景观特征识别方法，结合对地理信息系统软件(ArcGIS)的使用，形成本研究的研究流程和研究方法[4]。研究的操作过程（图6-2）分为6个步骤：①案头研究：收集北京长城文化带相关文献和

---

[1] XU H, CHEN F, ZHOU W. A comparative case study of MTINSAR approaches for deformation monitoring of the cultural landscape of the Shanhaiguan section of the Great Wall[J]. Heritage science, 2021, 9(1).

[2] ZHANG R, WANG J, BROWN S. "the charm of a thousand years"：Exploring tourists' perspectives of the "culture-nature value" of the humble administrator's garden, Suzhou, China[J]. Landscape research, 2021, 46(8): 1071-1088.

[3] 孙喆, 刘亚洁, 张杰, 等. 基于LCA的文化遗产地景观保护与利用规划研究：以北京长城文化带古北口镇为例[J]. 城市发展研究, 2022, 29（10）：107-115.

[4] 张天骋, 高翅. 武当山风景名胜区五龙宫景区风景特质识别研究[J]. 中国园林, 2019, 35（2）：54-58.

第6章 自然与文化融合的长城沿线区域景观特征评估

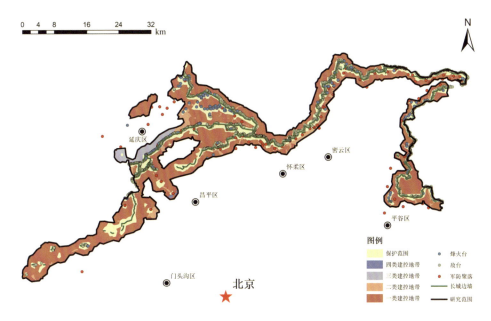

图6-1 北京长城文化带核心区范围（包括长城遗产保护范围和一类建设控制地带）

规划信息，了解其自然景观现状和文化遗产的类型、数量和空间分布；②数据获取：获取包括北京地形地貌图、北京土地利用图、北京行政区划、长城边墙、烽火台、城堡等北京市长城文化带数据；③景观特征因素的选取：从自然因素和文化因素2个方面，分别选取自然景观特征要素和文化遗产要素；④实地调研：通过现场实地调研，验证案头研究结论并记录感知到的景物，为后期景观特征类型和景观特征单元的识别提供相应依据；⑤景观特征单元的可视化：在GIS中通过对自然要素的叠加分析，绘制出自然景观特征类型图并将其归纳为不同的自然景观特征类型，之后将文化遗产要素与自然景观特征类型相融合形成北京长城文化带景观特征类型，而后对景观特征类型进行识别；⑥分析景观形成规律：进一步探究其自然生态环境与历史文化遗产的深层耦合关系及形成机制。

研究数据主要包括基础自然地理数据和北京市长城遗产信息两部分。基础自然地理数据为北京土地利用、北京地形地貌和行政区划等信息。北京土地利用数据和北京地形地貌数据来源于中国生态系统评估与生态安全数据库（2015），其中，土地利用数据涉及植被和用地类型，具体包括：低覆盖率草地、中覆盖率草

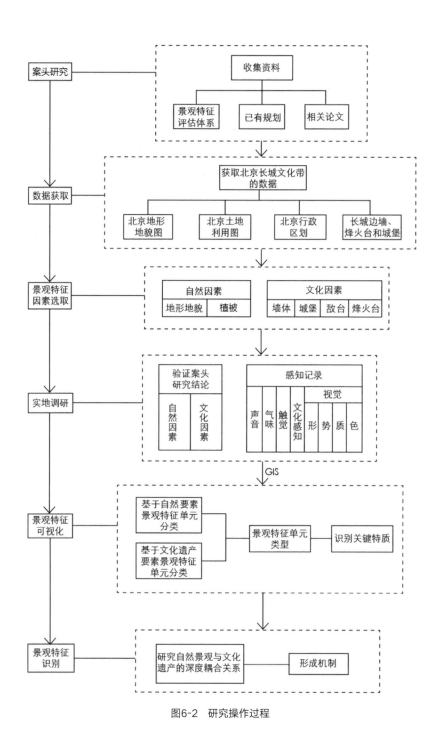

图6-2 研究操作过程

地、高覆盖率草地、旱地、水田、有林地、灌木林地、疏林地、水库、湖泊、裸土地、城镇用地、农村居民点用地等。地形地貌数据涉及海拔和地形地貌信息，具体包括：低海拔山地、中海拔山地、中高海拔山地、低海拔丘陵、低海拔平原、低海拔台地等类型；数字高程模型来源于由中国科学院计算机网络信息中心、科学数据中心建设的地理空间数据云平台，精度30m；行政区划等信息来源于百度地图，由BIGEMAP影像平台下载。

北京市长城文化遗产主要包括长城边墙、烽火台和城堡，其历史和地理信息采集整理于北京市《第三次全国文物普查不可移动文物登记表》。因存在历史变迁等复杂情况，遗产基本信息存在不完整和不准确的问题，缺损数据辅以《九边图说》《四镇三关志》《中国长城志》等志书。笔者对其名称、类型、建置年代和地理位置等加以考证，并作补充，最后确定北京市长城文化带有边墙461段，烽火台154座，城堡142处。

6.2 景观特征类型分类与整合

6.2.1 基于自然景观要素的景观特征单元分类

景观特征类型是指在地形地貌、植被覆盖以及土地利用等方面具有相似性的景观结合体[1]。基于内业研究和外业调研，从长城文化带的自然景观中提取关键性景观特征要素。北京长城文化带作为自然景观与文化遗产高度融合的历史文化区域，其自然景观要素和文化遗产要素是类型识别的关键，而在自然景观要素中本研究选择地形地貌和土地利用类型作为自然景观特征构成的基础要素。地形地貌是地域景观最基本的外在特征，土地利用类型则反映了景观的人工干预方式与程度[2]。为便于后续讨论分析，依据中国地貌基本形态[3]将地貌类型归并为平原和山地两大类，

---

[1] TVEIT M, ODE Å, FRY G. Key concepts in a framework for analysing visual landscape character[J]. Landscape research, 2006, 31(3): 229–255.
[2] OSHER L J, BUOL S W. Relationship of soil properties to parent material and landscape position in eastern Madre de Dios, Peru[J]. Geoderma, 1998, 83(1–2): 143–166.
[3] 李炳元, 潘保田, 程维明, 等. 中国地貌区划新论[J]. 地理学报, 2013, 68（3）: 5–10.

再根据中国土地利用遥感监测数据分类系统（LUCC分类体系 2018年）将土地利用类型归并为草地、林地、旱地和水域4大类[①]，将土地利用类型和地貌类型进行排列组合，最终归为平原草地、平原林地、平原旱地、平原水域、山地草地、山地林地、山地旱地和山地水域8大类并对其进行编码（表6-1）。在此基础上，通过ArcGIS软件将北京地形地貌图、北京土地利用图和长城文化带核心范围进行叠加运算，得到北京长城文化带基于自然景观要素的景观特征类型图，共计32小类（图6-3），604个单元。在实地调研中发现，同一大类中的小类之间并无较大区别，例如低海拔平原高覆盖率草地与低海拔平原中覆盖率草地并无明显差异，反而是各个大类之间差异较大[②]。

6.2.2 融合文化遗产要素的景观特征单元分类

长城不只是一道墙体，而是一个复杂系统，即长城是由点（城堡、烽火台）—线（长城边墙、信息传递线路）—带（军事防御、文化交流及物资交换所在的长城防区）—层次体系（防御体系的层级关系）构成的地理尺度的空间实体和文化遗存[③]。长城作为复合型文化景观，其内涵包括防御、屯垦和军情3种军事功能区域及其混合形成的复合功能区划，其中，长城边墙具有军事防御功能，城堡具有屯兵和垦殖的功能，烽火台具有军情瞭望和信息传递的功能。长城边墙、城堡和烽火台可以作为长城历史功能的3个重要的功能向度，由此形成了不同的空间防御逻辑和视觉景观特征。单一文化遗产要素区域和复合文化遗产要素区域的景观特征类型与历史功能是不同的。例如，平原草地与长城边墙要素融合的景观特征单元，具有单一的军事防御功能，平原草地与长城边墙、城堡要素融合的景观特征单元，具有军事防御和屯兵垦殖的综合功能，二者所形成的空间模式和景观特征类型不同。因此需要将长城边墙、城堡和烽火台这3种核心文化遗产要素及其排列

---

① 若不进行精简归并会导致斑块分类过于复杂，景观特征类型图斑块破碎，从而难以形成概括性的结论，也难以运用在实际的规划管理中。
② HASTY S. Research from Huazhong Agricultural University provides new data about correlation analysis[J]. Energy business journal, 2011: 9–10.
③ 李严，张玉坤，李哲. 明长城防御体系与军事聚落研究[J]. 建筑学报, 2018（5）: 69–75.

表6-1 基于自然景观要素的北京长城文化带景观特征类型及编码

编码	大类	小类
a	平原草地	a1 低海拔平原高覆盖率草地 a2 低海拔平原中覆盖率草地 a3 低海拔台地（塬）高覆盖率草地
b	平原林地	b1 低海拔平原有林地 b2 低海拔平原灌木林地 b3 低海拔平原疏林地 b4 低海拔台地（塬）疏林地
c	平原旱地	c1 低海拔平原旱地 c2 低海拔台地（塬）旱地
d	平原水域	d1 低海拔平原水库、坑塘
e	山地草地	e1 中海拔山地中覆盖率草地 e2 中海拔山地高覆盖率草地 e3 低海拔山地中覆盖率草地 e4 低海拔山地低覆盖率草地 e5 低海拔丘陵中覆盖率草地 e6 低海拔丘陵低覆盖率草地 e7 低海拔丘陵高覆盖率草地
f	山地林地	f1 低海拔山地有林地 f2 低海拔山地灌木林地 f3 低海拔山地疏林地 f4 中海拔山地有林地 f5 中海拔山地灌木林地 f6 中海拔山地疏林地 f7 低海拔丘陵有林地 f8 低海拔丘陵灌木林地 f9 低海拔丘陵疏林地
g	山地旱地	g1 中海拔山地水库、坑塘 g2 低海拔丘陵水库、坑塘
h	山地水域	h1 中海拔山地旱地 h2 低海拔山地旱地 h3 低海拔丘陵旱地

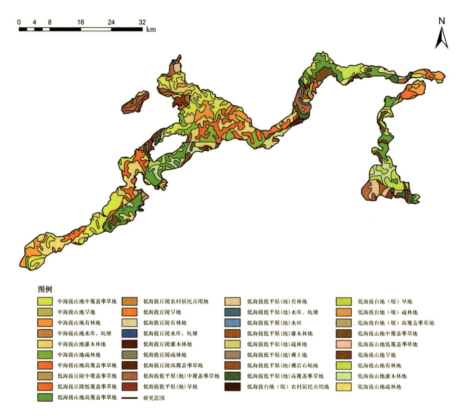

图6-3 基于自然要素的北京长城文化带景观特征类型

组合方式[①]作为景观特征单元分类的重要依据。

本研究主要选取北京长城文化带文化遗产要素中最具文化价值属性,同时也最具景观特征标识作用的长城边墙、烽火台和城堡3类要素[②]作为文化遗产要素指标融入基于自然要素的景观特征单元中,将景观特征单元划分为7种文化景观单元类型(图6-4)。

[①] 具有单一文化遗产要素区域和具有复合文化遗产要素区域的景观特征类型与历史功能不同。例如,平原草地与长城边墙要素融合的景观特征单元,具有单一的军事防御功能;平原草地与长城边墙、城堡要素融合的景观特征单元,具有军事防御和屯兵垦殖的综合功能;二者所形成的空间模式和景观特征类型不同。

[②] 北京长城遗产主要包括长城墙体、烽火台、敌台、城堡、挡马墙和关隘等,挡马墙和关隘数量较少,敌台通常沿边墙分布,故没有将挡马墙和敌台数据选作文化遗产要素使用。

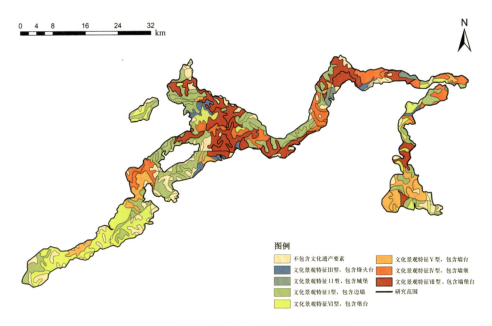

图6-4 融合文化遗产要素的景观特征单元分类

6.2.3 自然景观和文化遗产要素融合的景观特征单元整合

北京长城文化带中自然景观和文化遗产的耦合关系构成了其景观特征的深层结构，不同的文化遗产要素与自然景观要素进行融合后所形成的景观特征类型中的用地要素、视觉表征、历史功能都有所不同。通过对自然景观要素景观特征单元（大类）和文化遗产要素景观特征单元进行交叉融合，基于8个自然景观要素景观特征类型和7种文化遗产要素景观特征类型，得到56种北京长城文化带景观特征类型，依据每个景观特征类型中所包含的文化遗产要素数量，将数量为0的景观特征类型进行筛减，最终得到31种景观特征类型，并对其进行命名和统计。景观特征类型的名称主要由自然景观特征类型代码和文化遗产景观特征类型组合而成（表6-2），例如景观特征类型a-I代表仅包含长城边墙要素的平原草地型景观特征单元；景观特征类型b-IV代表包含长城边墙和城堡2种要素的平原林地型景观特征单元。在此基础上，对这31种景观特征类型进行统计，并计算各个类型斑块占总斑块的比例（表6-3）。

表6-2 融合自然与文化遗产要素的长城文化带景观特征类型及其斑块数量

序号	景观特征类型名称	文化遗产景观特征要素及其文化景观功能	自然景观特征类型	斑块数量/个	斑块平均面积/斑块总面积
1	景观特征类型 a-Ⅰ	仅包含长城边墙要素（具有军事防御功能）	平原草地	15	4.337/69.055
2	景观特征类型 b-Ⅰ		平原林地	16	2.343/37.481
3	景观特征类型 c-Ⅰ		平原旱地	2	17.264/34.527
4	景观特征类型 e-Ⅰ		山地草地	45	4.924/221.568
5	景观特征类型 f-Ⅰ		山地林地	58	4.331/251.171
6	景观特征类型 h-Ⅰ		山地旱地	8	0.930/7.439
7	景观特征类型 e-Ⅱ	仅包含长城城堡要素（具有屯兵垦殖功能）	山地草地	37	0.438/16.213
8	景观特征类型 f-Ⅱ		山地林地	29	0.365/10.518
9	景观特征类型 h-Ⅱ		山地旱地	19	0.190/3.602
10	景观特征类型 a-Ⅲ	仅包含长城烽火台要素（具有军情传递功能）	平原草地	20	0.613/12.261
11	景观特征类型 e-Ⅲ		山地草地	62	0.178/11.051
12	景观特征类型 f-Ⅲ		山地林地	47	0.551/25.880
13	景观特征类型 h-Ⅲ		山地旱地	26	0.210/5.455
14	景观特征类型 a-Ⅳ	包含长城边墙要素和城堡要素（具有军事防御和屯兵垦殖功能）	平原草地	5	10.233/51.168
15	景观特征类型 e-Ⅳ		山地草地	15	3.760/56.389
16	景观特征类型 f-Ⅳ		山地林地	16	10.986/175.770
17	景观特征类型 a-Ⅴ	包含长城边墙要素和烽火台要素（具有军事防御和军情传递功能）	平原草地	9	2.567/23.107
18	景观特征类型 b-Ⅴ		平原林地	9	2.763/24.867
19	景观特征类型 e-Ⅴ		山地草地	21	1.903/39.968
20	景观特征类型 f-Ⅴ		山地林地	15	9.618/144.269
21	景观特征类型 h-Ⅴ		山地旱地	6	0.784/4.706
22	景观特征类型 a-Ⅵ	包含长城城堡要素和烽火台要素（具有屯兵垦殖和军情传递功能）	平原草地	2	2.633/5.266
23	景观特征类型 b-Ⅵ		平原林地	1	21.436
24	景观特征类型 c-Ⅵ		平原旱地	1	15.240 2
25	景观特征类型 g-Ⅵ		山地草地	14	17.048/238.666
26	景观特征类型 f-Ⅵ		山地林地	12	6.427/77.119
27	景观特征类型 h-Ⅵ		山地旱地	8	2.449/19.588

续表

序号	景观特征类型名称	文化遗产景观特征要素及其文化景观功能	自然景观特征类型	斑块数量/个	斑块平均面积/斑块总面积
28	景观特征类型 b-VⅡ	包含长城边墙要素、城堡要素和烽火台要素（具有军事防御、屯兵垦殖和军情传递功能）	平原林地	3	12.544/37.632
29	景观特征类型 e-VⅡ		山地草地	9	37.652/338.868
30	景观特征类型 f-VⅡ		山地林地	6	19.675/118.048
31	景观特征类型 h-VⅡ		山地旱地	2	5.907/11.813

表6-3 北京长城文化带景观特征类型、数量及占比

自然景观特征单元	文化景观特征类型/个							总计/个	比例/%
	Ⅰ型（边墙型）	Ⅱ型（城堡型）	Ⅲ型（烽火台型）	Ⅳ型（边墙-城堡型）	Ⅴ型（边墙-烽火台型）	Ⅵ型（城堡-烽火台型）	Ⅶ型（边墙-城堡-烽火台型）		
a 平原草地	15	0	20	5	9	2	0	51	9.48
b 平原林地	16	0	0	0	9	1	3	29	5.39
c 平原旱地	2	0	0	0	0	1	0	3	0.56
d 平原水域	0	0	0	0	0	0	0	0	0
e 山地草地	45	37	62	15	21	14	9	203	37.73
f 山地林地	58	29	47	16	15	12	6	183	34.01
g 山地水域	0	0	0	0	0	0	0	0	0
h 山地旱地	8	19	26	0	6	8	2	69	12.83
总计	144	85	155	36	60	38	20	538	100

经分析发现，文化遗产的分布与自然环境存在密切关系。①从斑块总数来看，山地草地和山地林地的斑块数量在自然景观特征类型的斑块总量中占比最多，分别为 37.73% 和 34.01%，同时，各个文化遗产景观特征类型中山地草地、山地林地型占比均居前2位，这是长城防御体系的客观需求所致。长城的防御属性使其倾向于选址在"山高谷深"的山地区域，而非无险可守的平原区；在山地中

又以林地和草地为主，这是由该区域年降水量和总体气候造成的[①]，并非长城建成后人为因素导致。[②]在各类自然景观特征单元中，旱地（包括山地旱地和平原旱地）总占比13.39%，虽占比不多，却因其具有农业生产功能而非常重要，在山地旱地斑块数量中，以仅包含城堡（Ⅱ型）和仅包含烽火台（Ⅲ型）的文化景观特征单元为主，分别占山地旱地斑块数量的27.54%和37.68%，这表明"城堡-旱地"景观模式在维系长城防御体系的粮饷供给中具有重要作用，而烽火台单元的高比例则是由于在延庆区、密云区等地普遍存在"烽-堡-链"的军情传递与兵力屯守的空间分布模式[②]。

以上景观特征斑块的统计数据表明文化遗产的分布与自然环境存在耦合关系，这种耦合关系可以在历史地理的维度找到更为具体的解释。历史文献表明，长城、城堡等要素的修建，会引起长城周边自然环境的人工改造活动，以满足长城内在的军事防御需求和城堡的人口生计问题，这具体体现在林地、旱地景观与长城及城堡修建之间的密切关联。①林地和长城文化要素的耦合关系，体现在长城沿线的大规模植树行为和人工林地的形成，在历史文献中有记载说明了长城沿线会有意种植特定的林地植被以增加防御效果。据《四镇三关志·蓟镇·杂防》记载："沿边墙内外房马可通处，俱发本路主客军兵，种植榆、柳、桃、杏以固边险，密云区道墙子、曹家、古北、石塘四路共栽过榆柳桃杏1 684 153株，种过桃、杏等种子59石9斗，蓟州道太平、喜峰、松棚、马兰四路，共栽过榆、柳、杂树4 471 147株，种过桃、杏等种子100石。永平道石门、台头、燕河、山海四路共栽过榆、柳、杂树3 125 187株，种过桃、杏等种子390石6斗。"[③]这些植物密集种植形成的树阵可以起到阻挡胡马入侵的作用。同时，在古代物产匮乏时期，这些大量种植的榆、柳、桃、杏为军民提供了一定的食物供给，这在笔者实地调研过程中得到了侧面印证，即长城沿线的密云区、延庆区等地村民至今仍有采摘、食用榆钱、柳芽、栾叶及野生桃杏的习惯。②旱地和长城文化要素的耦合关系，体现在明长城城堡附近

---

① 根据《中国长城志 环境·经济·民族卷》，长城通常选址于农牧交错地带，年降水量山麓迎风坡600~700mm，山坡背风坡300~400mm。
② 曹迎春，张玉坤，李严. 明长城军事防御聚落体系大同镇烽传系统空间布局研究[J]. 新建筑，2017（2）：142-145.
③ 刘效祖. 四镇三关志校注[M]. 郑州：中州古籍出版社，2018.

均设有屯田，用于耕种，补给军需。据《密云县志》记载："辽开泰九年（1020年），迁檀州，宗州千户汉族人至关外黄龙。明初，从外地移民至密云屯田。明洪武五年（1372年），设密云中卫，辖29军屯。明洪武三十年（1397年），设密云后卫，辖军屯。现仍在密云辖区的有：河曹屯、双井屯、太师屯、石匣屯、高岭屯、金沟屯、庄案屯、不老屯。后编入密云县中卫里，归密云县管辖。"[①]

6.3 景观特征类型识别与描述

2002年《英格兰和苏格兰景观特征评估导则》（*Landscape Character Assessment Guidance for England and Scotland*）及之后相关论文中的景观特征识别多为描述性识别方法，即在实地踏勘基础上，通过景观特征的分析与归纳，对其关键特征进行定性描述。本书延续此景观特征评估（landscape character assessment, LCA）经典研究范式，选取景观特征类型中的典型景观特征单元进行关键特征识别，通过实地踏勘和分析归纳，进行关键特征的定性描述。其特征类型众多，不及备载。本节选取景观特征类型中仅包含边墙、城堡和烽火台中的1种的单一文化遗产要素景观特征类型（e-Ⅰ、f-Ⅱ、h-Ⅱ、e-Ⅲ）和包含2种及以上复合文化遗产要素的景观特征类型（e-Ⅳ）进行识别（图6-4），探究其不同的空间防御逻辑和视觉景观特征。

6.3.1 边墙型斑块景观特征识别

由表6-3可知，边墙型斑块共计144处，包含平原草地、平原林地、平原旱地、山地草地、山地林地和山地旱地6种类型。其中，平原旱地有2个，占比为1.39%，山地旱地8个，占比为5.56%，属于分布较少的两类；平原草地15个，占比为10.41%，平原林地16个，占比为11.11%，属于分布较多的两类；山地草地45个，占比为31.25%，山地林地58个，占比为40.28%，属于分布最多的两类。由此

---

① 密云县志编纂委员会.密云县志[M].北京：北京出版社，1998：89.

可见，在边墙型斑块中以山地林地和山地草地自然要素为主，因此，以边墙—山地草地型斑块（e-I）为例，进行景观特征识别，通过其景观结构分析、概述保留文物的保存状况和外观特点，并对该单元的视觉状态进行评估，以描绘出相应的景观肖像。景观特征类型e-I是包含长城边墙的山地草地的景观特征单元。该类型景观特征主要表现为长城边墙多沿山脊呈连续线状分布，两侧分布有草原和少量林地，由此形成线（边墙）—面（山地草地）文化与自然要素共同构成的空间模式。以密云区79号墙体古北口段长城为例（图6-5），长城边墙位于北京密云区古北口镇，建于明代，形成与周边自然景观环境相融合的带状空间格局。地形为海拔500~1 000m的山地，山林植被保存状况较好且多呈混合状或片状分布，植被以生长草本植物为主。同时，植被中也存在部分林地，比如碧桃、苹果和柳丛等。视觉上，该单元规模较大，质地粗糙，且具有一定的复杂性。

图6-5　景观特征类型e-I包含长城边墙的山地草地的景观特征单元识别

6.3.2 城堡型斑块景观特征识别

由表6-3可知,城堡型斑块共计85处,包含山地草地、山地林地和山地旱地3种类型。其中,山地草地有37个,占比为43.53%;山地林地29个,占比为34.12%;山地旱地19个,占比为22.35%。如下选择特征较为明显的城堡—山地林地型斑块(f-Ⅱ)和城堡—山地旱地型斑块(h-Ⅱ)为例,进行景观特征识别,剖析其景观构成,总结保存文物的保护状况和外观特征,对各单元的视觉状况做出评价,进行景观画像的刻画。景观特征类型f-Ⅱ是包含长城城堡的山地林地景观特征单元。该类型景观特征主要表现为长城城堡呈点状分布于山地沟谷之间,两侧分布有多样的植被,由此形成点(城堡)—面(山地林地)两类文化与自然要素共同构成的空间模式。以密云区12号城堡(遥桥峪)为例(图6-6),城堡年代为明代,

图6-6 景观特征类型f-Ⅱ包含长城城堡的山地林地的景观特征单元识别

保存较为完好，材质多为石和土，颜色为土黄色。地形为海拔1 000～3 500m的山地。城堡内的村落以团簇状分布，四周多为旱地，便于居民耕种。植被斑块呈混合状或团簇状镶嵌在村落内外，植被多为柏树、胡杨和白杨等。视觉上，该单元规模中等，现状较为完整，质地粗糙，且具有整齐的结构。

景观特征类型h-Ⅱ是包含长城城堡的山地旱地景观特征单元。该类型景观特征主要表现为长城城堡呈点状分布于旱地地区，周围植被较少，多为低矮植被，由此形成点（城堡）—面（山地旱地）文化与自然要素共同构成的空间模式。以密云区15号城堡为例（图6-7），城堡年代为明代，目前大部分墙体遗失，留有较明显的地基。地形为海拔1 000～3 500m的山地。城堡周围有大量旱作物耕地。山林植被保存状况较好且多呈混合状或片状分布，以旱地农作物为主，混合分布落叶小乔木，如碧桃、苹果等。同时，植被中也存在部分松柏类植物。视觉上，该单元规模中等，现状保存并不完整，质地非常粗糙。

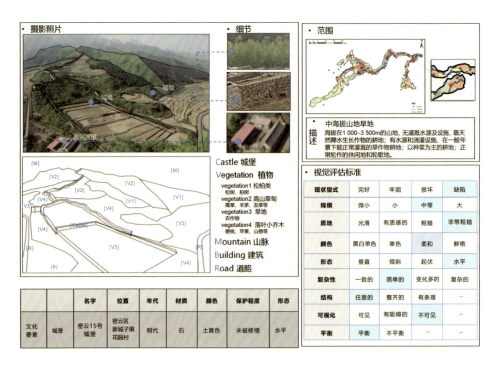

图6-7 景观特征类型h-Ⅱ包含长城城堡的山地旱地的景观特征单元识别

6.3.3 烽火台型斑块景观特征识别

由表6-3可知，烽火台型斑块共计155处，包含平原草地、山地草地、山地林地和山地旱地4种类型。其中，平原草地有20处，占比为12.90%；山地草地有62处，占比为40.00%；山地林地有47处，占比为30.32%；山地旱地有26处，占比为16.77%。由此可知，山地草地类在烽火台型斑块中占比最多，选取烽火台—山地草地型斑块（e-Ⅲ）为例，分析景观组成要素，概括斑块中烽火台的现存状况，评估视觉状态，完成景观特征的描绘。景观特征类型e-Ⅲ是包含长城烽火台的山地草地的景观特征单元。该类型景观特征主要表现为长城烽火台呈散点状分布，多位于视线较好的位置，对周围自然环境要求不高，植被多为草地，由此形成点（烽火台）—面（山地草地）文化与自然要素共同构成的空间模式。以北齐长城烽火台1号为例（图6-8），烽火台位于北京昌平区长陵镇黑山寨村，年代为北齐，建筑材

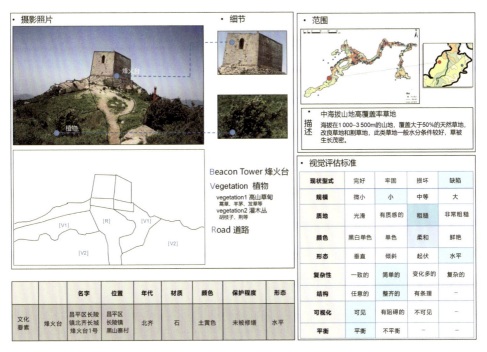

图6-8 景观特征类型e-Ⅲ包含长城烽火台的山地草地的景观特征单元识别

质为石，颜色为土黄色。地形海拔为1 000～3 500m的山地。山林植被保存状况较好多呈混合状分布，以生长草本植物为主，覆盖率在5%以上的各类草地，牧为主的灌丛草地和郁闭度在10%以下的疏林草地。同时，植被中也存在部分林地，比如包括胡枝子和荆等。视觉上，该单元规模较小，现状部分缺陷，质地粗糙，且具有整齐的结构。

6.3.4　边墙城堡复合型斑块景观特征识别

由表6-3可知，边墙城堡复合型斑块共计154处，包括边墙-城堡、边墙-烽火台、城堡-烽火台和边墙-城堡-烽火台4大类型。其中，边墙-城堡有36处，占比为23.38%；边墙-烽火台有60处，占比为38.96%；城堡-烽火台有38处，占比为24.67%；边墙-城堡-烽火台有20处，占比为12.98%。除平原水域和山地水域两种景观要素分类外，其他景观要素分类中均存在复合型斑块。如下以边墙和城堡-山地草地型斑块（e-Ⅳ）为例，概括景观空间模式，总结文化景观在视觉上的分布特点，刻画该类型的景观特征。景观特征类型e-Ⅳ是包含长城边墙和城堡的山地草地的景观特征单元。该类型景观特征主要表现为同时包含长城边墙和城堡两种复合文化遗产要素，具有军事防御和屯兵垦殖的综合历史功能，长城边墙多沿山脊呈连续线状分布，城堡多以点状分布于山地沟谷之间，两侧分布有多样的植被，由此形成点（城堡）—线（边墙）—面（山地草地）文化与自然要素共同构成的空间模式。以北京市密云区31号城堡为例（图6-9），长城边墙为卧虎山长城，建于明代，城堡位于古北口镇潮关村内，处于该类单元斑块中边墙线性要素与各类多样化植被的交汇点，是该类型单元中的视觉焦点和文化枢纽区域。地形为海拔高于200m的山地，山林植被保存状况较好且多呈混合状或片状分布，植被以草本植物为主，覆盖率在5%以上的各类草地，包括以牧为主的灌丛草地和郁闭度在10%以下的疏林草地。同时，植被中也存在部分林地，比如胡杨、白杨等。视觉上，该单元规模较大，质地粗糙，且具有一定的复杂性。

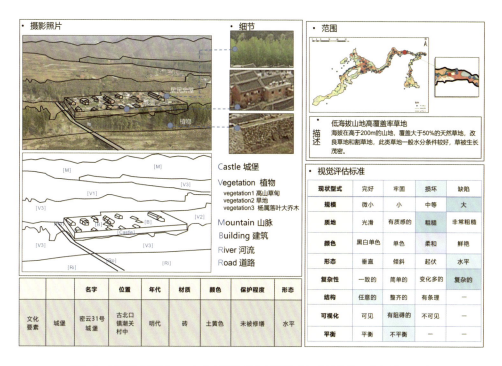

图6-9 景观特征类型e-Ⅳ包含长城边墙和城堡的山地草地的景观特征单元识别

6.4 基于景观特征评估的管理策略

本章基于景观特征评估（LCA）理论，借助地理信息系统（GIS）技术，围绕长城防御、屯垦和军情3个历史功能，构建由长城边墙、城堡和烽火台组成的文化遗产要素识别框架，探索了大尺度线性遗产区域景观特征识别的技术路线和实现手段。在对自然景观要素与文化遗产要素进行分类、融合的基础上形成31种景观特征类型，并针对典型的景观特征类型进行深度识别，揭示大尺度线性遗产区域自然景观与文化遗产的耦合关系及其形成机制，以期为北京长城沿线区域的总体评估和保护利用提供借鉴与参考。

北京长城沿线区域的主要发展目标是推进文化遗产资源的保护传承利用，实现文化遗产保护、生态资源保育和区域经济发展的多重目标。在长城国家文化公园建设背景下，景观特征识别作为辅助管理和决策的重要工具有其现实意义。长城国家文化公园的建设要对文化遗产进行系统的调查，在充分考虑自然景观和文化遗产之间深度耦合关系的基础上研究景观单元类型，并针对不同的景观特征类型进行深度识别和描述，由此针对不同景观特征类型制定差异化的保护、规划和管理策略。

6.4.1 基于自然-文化耦合关系的景观管理

一方面，长城遗产区域需要打破管理部门之间的壁垒，建立自然与文化整合管理的遗产管理机构或制度。长城是涵盖大范围自然地理单元的完整文化生态系统，存在自然与文化等多元遗产价值，其遗产区域的保护管理工作需要多部门的协同管理与规划[①]。目前中国关于长城遗产区域的管理体系中缺少将自然与文化进行整体价值评估和景观管理的机制。长城遗产区域涉及的诸多管理部门从各自部门视角与利益出发，对其文化景观缺乏整体的价值认知，如地方林草部门负责管理长城遗产周围的自然环境，文物局负责长城文化遗产保护，规划与自然资源局管理建设活动，各个部门之间缺少统筹管理。本章的研究表明，长城遗产的价值存在于文化遗产与自然环境、植被、乡村建成区共同组成的整体之中。对于长城文化景观的管理需要设立整合性的牵头部门或者合作管理机制，来促进长城区域自然与文化要素的整合管理。

另一方面，长城遗产区域需要打破传统的行政管理边界，建立适用于大尺度线性遗产的边界管理方式。但是从长城遗产区域景观特征分区结果来看（图6-3），基于自然与文化要素识别的特征分区与政府划定的行政边界及遗产保护边界不存在对应关系。因此针对长城这种跨省市、跨流域的大型线性文化遗产，需要打破行政边界的限制，以自然景观与文化遗产耦合的特色斑块作为管控单元进行宏观调控，实现精细化的分区界定。

应当科学研究制定景观变化管理导则。在目前的长城相关保护规划中，对于长城遗产保护范围和建设控制地带的划定遵循了较为简化的相关做法，将建筑文化遗

---

① PETROVA P, HRISTOV D. Collaborative management and planning of urban heritage tourism: public sector perspective[J]. International journal of tourism research, 2014, 18(1): 1-9.

产的边线平移一定距离作为保护范围的边界[①]，在这一区域对建设活动严格限制。一方面，这一空间范围并不能充分覆盖长城遗产所在的完整景观单元；另一方面，一刀切的管理方式限制了当地的景观潜力和发展权利。应当允许长城沿线景观和设施的合理、积极的变化，而变化是否合理，应建立在科学客观的景观特征评价基础上，同时，需要由利益相关群体进行充分沟通和科学论证。

6.4.2 基于自然－文化景观单元的规划设计

长城沿线面临城乡建设和旅游发展的重大压力，如何在尊重文化遗产及其周边景观特征的前提下进行遗产地的规划和设计成为遗产保护与发展的首要难题[②]。首先，控制建设用地开发边界，使其不占压核心的自然与文化要素。从长城遗产核心区域内自然与文化耦合关系（表6-2、表6-3）中可以看出，长城遗产区域的土地利用类型以草地和林地为主，这种草地、林地和边墙的组合模式是一种普遍的景观结构，需要被重点管控和延续。

其次，控制建设与展示阐释的主题与内容，使其不影响遗产价值和风貌，延续遗产周边区域的文化内涵。如e-IV是集中大量城堡的山地草地区域，在该区域应该以城堡及其军事指挥系统、居民传统生活生产方式为展示和利用的主题。

最后，建设的适宜性及建设高度控制等细节应被重视，使其不阻碍文化要素点和自然景观之间感知、交通和功能层面的联系。感知层面体现在各遗产要素之间或遗产与景观之间的视线关系上，特别是烽火台之间、烽火台与城堡等具有军情传递价值的眺望景观，应该被仔细评估和保留。功能层面体现在遗产与景观（如农田与城堡）或遗产点之间（如各级城堡之间、城堡与敌台之间）的交通线路上，这些联系需要被保留以突出文化要素和自然要素之间历史的、功能的联系。因此，在长城遗产区域进行规划设计时需要基于自然与文化相连接的景观单元来进行精细化设计。

---

① 北京市人民政府于2011年公布了"关于第八批文物保护单位保护范围及建设控制地带的通知"，规定长城墙体两侧向外500m内为保护范围，将长城墙体两侧向外500~3000m的区域划定为建设控制地带。

② SU M M, WALL G. Global-local relationships and governance issues at the Great Wall World Heritage Site, China[J]. Journal of sustainable tourism, 2012, 20(8): 1067–1086.

6.4.3　基于景观考古与历史文献的历史景观特色研究

研究长城的形成、发展和变迁的规律，应当将其作为历史文化景观置于连续的空间和时间框架中，进而整合历史意义与当代环境。根据联合国教科文组织，遗产的真实性已经从遗产本体拓展到其周边的历史环境。长城周边的植被、农业与生计方式、水利设施都是遗产真实性的重要组成部分。采用环境考古及数字模拟等方式来分析与验证古代长城沿线自然与文化的作用关系对于真实展示和再现长城文化景观是有益的[①]。明代志书中大量记载了出于长城军事防御、军队粮食供给需求，长城沿线形成了特定的树种类型和农业活动[②]，但这些记载大体上较为粗疏。在长城遗产核心景区，如八达岭景区等，如能在环境考古基础上，对明代长城的森林植被种类、农作物种类，及其水环境与水利设施进行考古研究、实体复原和数字化展示，就能向游客传递更为全面、真实的长城沿线历史环境信息。

本研究借鉴景观特征评估方法，将自然景观要素与文化遗产要素相融合并进行分类整合，最终得到31种景观特征类型，并对一些景观特征类型进行深度识别，揭示大尺度线性遗产区域自然景观与文化遗产之间存在的耦合关系。虽然从明代至今，长城所在区域的自然景观特征是动态变化的，但考虑到历史地理结构特征在区域层面的稳定性和代际传承，现状用地情况仍在一定程度上反映了长城沿线区域的历史地理框架，具有自然景观和文化要素的内在关联性。这种关联性一方面反映了长城区域景观特征的历史形成逻辑，为其景观样貌提供了基于功能、历史、生态的解释；另一方面，这种关联性最终以一定的视觉组合模式呈现出来，所形成的自然景观与文化遗产要素相融合的特定景观特征单元，成为其形成逻辑的物质见证和视觉表征。本研究对景观特征进行深度识别研究，为大尺度线性遗产区域的国家文化公园规划建设提供了有益的参考与借鉴。

---

① DOUGLASS K. Toward a just and inclusive environmental archaeology of Southwest Madagascar[J]. Journal of social archaeology, 2019, 19(3): 307-332.
② 明朝长城蓟镇"沿边墙内外，房马可通处，俱发本路主客军兵，种植榆、柳、桃、杏，以固边险"。这次种树行动共栽植榆柳9 344 149株，桃杏等种子556石5斗，可以说是明朝在沿边地区规模最大的一次种树举动。

第 7 章
基于MCA与MCR方法的长城沿线遗产廊道体系构建

明嘉靖《隆庆志》[①]中，对长城沿线的道路系统及其里程进行了详尽记载，"本州东到永宁县四十里，路通四海冶。西到怀来卫五十里，路通保安州。南到居庸关五十里，路通昌平州。北到雕鹗堡一百七十里，路通赤城堡。东南到回龙口五十里，路通怀柔县。西南到保安州一百五十里，路通山西大同府蔚州。东北到黑峪口五十里，路通龙门守御千户所。西北到长安岭堡一百二十里，路通雕鹗堡，自州治至京师三驿一百八十里。"

正如本书第3章提到的古北路历史道路系统，长城附近的交通路线对于明代军民十分重要，军队行军补给、士民往来通商均凭借于此，在遍及真保镇、宣府镇长城区域，形成了著名的"太行八陉"历史道路系统。数百年来，这些明代道路系统逐渐发展、演变，成为当代长城沿线遗产展示利用的重要线性资源。受到长城历史道路系统的启发，我们不禁要思考，应当如何构建当代长城沿线遗产廊道，来服务于长城沿线区域的遗产资源整合和区域综合发展。

2022年文化和旅游部发布8条长城主题国家级旅游线路和62条长城主题精品线路，同时，北京市文物局发布了全长约400km、辐射联动8个国家级长城重要点段的"京畿长城"国家风景道。从公布的风景道情况来看，目前仅是对长城遗产资源点和沿线交通进行了串联，这存在两个问题，一方面，划定方法仅基于经验，而未基于多源数据进行定量计算，缺乏科学方法支撑；另一方面，线路结构较为简单和粗疏，缺乏对空间结构的精细刻画和线路类型研究。因此，在长城风景道规划的宏观背景下，遗产景观廊道的科学规划与类型研判，有重要的现实意义和理论价值。

近年来遗产研究和风景园林日益融合，"线性文化遗产景观体系"成为日渐重要的研究领域。在长城国家文化公园及北京长城文化带建设背景下，对北京长城遗产廊道体系开展研究具有重要的理论和现实意义。长城作为一种独特的线性遗产，周围环境险峻，是不可通达的。而目前关于长城景观廊道规划是以定性研判为主，亟须探索数据驱动型的计算方法，以整合长城沿线数量众多、类型多样的数据资源，形成定量、科学、综合的遗产廊道体系构建方法。北京长城是文化遗产资源和自然景观高度耦合的枢纽区域，具有突出的文化景观特征和线性空间特点，遗产廊道是该地区遗产、景观空间体系构建的核心手段。以北京长城文化带为研究

---

① 谢庭桂.隆庆志[M].影印本.上海：上海古籍书店，1962.

范围，利用ArcGIS空间分析技术，采取最小累积阻力模型（minimum cumulative resistance, MCR）与多中心性评价模型（multiple centrality analysis, MCA），针对长城文化遗产体系构建遗产廊道并进行测度、分级，并借助核密度估计法和典型案例分析来揭示其空间结构与类型特征，从而构建北京长城沿线区域遗产廊道体系。研究展示了基于空间数据挖掘技术的遗产廊道构建与分级分类方法，拓展了中国遗产廊道的概念外延和研究类型，廊道分级分类构建方法可精细刻画廊道的空间等级与功能性质，对风景线路体系规划、旅游服务设施配置、廊道主题划定及展示利用策划具有参考价值。

7.1 基于最小累积阻力模型的长城遗产廊道构建

7.1.1 遗产廊道构建的理论与方法

在可持续发展思想的影响下，风景园林学思维与遗产保护工作日益融合，大卫·哈维指出，"近年来遗产研究和景观研究密切相关，其认识论、意识形态和方法论在广泛的知识和跨学科空间中曲折发展，探索遗产和景观研究价值日益凸显。"[1]将遗产景观相关概念引入线性文化遗产体系，有助于深刻理解遗产及其景观环境的复杂联系，有助于构建由景观、遗产及其价值系统组成的网络体系[2][3]。遗产廊道是20世纪80年代发源于美国的一种区域性景观综合保护模式[4][5]。国内对遗产景观廊道或线性遗产景观体系已有一些研究，如虞春隆[6]通过定性方法构建了集自然生

---

[1] HARVEY D. Landscape and heritage: trajectories and consequences[J]. Landscape research, 2015, 40(8): 911–924.
[2] STEPHENSON J, AUCHOP H, PETCHEY P. Bannockburn heritage landscape study [J]. Science for conservation, 2004(2): 68–79.
[3] NIGHTINGALE T. Heritage landscapes: a landscape approach to the identification conservation and interpretation of historic and cultural resources[M]. Wellington: DOC Science, 2004: 241–263.
[4] FABOS J G.Introduction and overview: the greenway movement uses and potentials of greenways[J]. Landscape urban plan, 1995, 33(1–3): 1–13.
[5] 王志芳, 孙鹏. 遗产廊道: 一种较新的遗产保护方法[J]. 中国园林, 2001（5）: 86–89.
[6] 虞春隆, 党纤纤. 自然、文化、游憩一体的大西安渭河景观廊道构建[J]. 城市建筑, 2019, 16（28）: 170–175.

态、文化遗产和休闲游憩三位一体的渭河景观廊道。张一和张春彦[1]提出"线性文化遗产景观体系"概念，基于数据挖掘方法对遗产元素进行判别决策，使用最小生成树模型构建文化遗产景观体系。李晖[2][3]通过定量方法，从生物多样性和文化多样性相结合的角度，构建普洱"茶马古道"生物文化多样性保护格局，并在此之后从生态旅游承载力的角度，构建分层次的遗产廊道生态旅游系统承载力评价模型。

基于定量计算的景观廊道构建方法中，最小累积阻力模型（MCR）是较为普遍的工具[4][5]，但在廊道分级、分类等精细刻画方面具有技术局限性[6]，从而导致廊道内涵笼统、属性单一等问题。为了解决这个问题，本章引入了原本应用于道路网络研究的多中心性评价模型（MCA）[7][8]。将MCR方法、MCA方法，与核密度分析法和景观类型学方法结合，形成综合的数据驱动方法，来解决上述区域性遗产景观廊道的精细刻画与识别问题。

本研究尝试提出"遗产景观廊道体系"概念，探索相关技术融合以推动遗产研究和景观研究工作的协调。北京长城丰富的文化遗产资源和突出的文化景观特征，使遗产景观廊道成为该地区遗产、景观空间体系构建和长城国家文化公园建设的重要模式。本研究以北京长城沿线区域内各类型遗产点为"源"，借助最小累积阻力模型构建遗产景观廊道，同时对廊道进行中心性测度分析，拓展了多中心性评价模型作为一种地理研究工具的应用领域，并运用核密度估计法对遗产景观廊道进行分

---

[1] 张一，张春彦. 京津冀线性文化遗产景观体系构建：以太行东麓遗产带为例[J]. 中国园林，2018，34（10）：71-76.

[2] 李晖，谭雯文，李滔. 普洱"茶马古道"生物与文化多样性保护格局构建研究[J]. 中国园林，2019，35（12）：48-51.

[3] 李晖，王巍静，张裕，等. 基于状态空间模型的"一带一路"遗产廊道生态旅游承载力研究[J]. 中国园林，2020，36（5）：18-23.

[4] 谢于松，王倩娜，罗言云. 土地利用类型视角下重庆市主城区生态控制区区划及生态廊道构建研究[J]. 中国园林，2021，37（11）：115-120.

[5] 苏毅，马妍，陈梦琪，等. 基于生态适宜性评价的古北口长城遗产廊道构建研究[J]. 北京规划建设，2022（1）：125-129.

[6] 官紫玲，陈顺和. 乡土文化景观安全格局及遗产廊道构建研究：以福建永泰为例[J]. 中国园林，2020，36（2）：96-100.

[7] PORTA S, LATORA V, WANG F, et al. Street centrality and densities of retail and services in Bologna, Italy[J]. Environment and planning B planning and design, 2009, 36(3): 450-465.

[8] 张雨洋，杨昌鸣. 什刹海商业热点街巷区位特征及优化策略研究：基于道路中心性视角[J]. 旅游学刊，2019，34（7）：110-123.

类，依据廊道级别与廊道类型，研究景观廊道类型并探究其形成机制，提出北京长城文化带遗产景观廊道构建和规划建议。本研究展示了基于空间数据挖掘技术的遗产景观廊道构建与分级分类方法，对北京长城文化带遗产景观廊道的研究拓展了中国遗产廊道的概念外延和研究类型，应用MCR与MCA结合的GIS定量研究技术拓展了遗产景观廊道研究的技术方法，探索了区域性遗产景观廊道体系多级别、多类型的精细化空间结构。

2019年，《北京城市总体规划（2016年—2035年）》提出了基于"三条文化带"的"长城文化带"专项规划。北京长城文化带是北京市重要的文化遗产区域，有重要的资源凝聚作用，是历史文化和自然生态永续利用的代表性地区。本章采用《北京市长城文化带保护发展规划（2018年至2035年）》所划定的北京长城文化带范围[①]作为研究区域，面积约4 929.29km^2，以研究区域内烽火台、军防聚落、寺观庙宇、抗战红色遗产、交通驿道遗迹、陵寝墓葬和历史文化景观7类遗产[②]作为源，探索并构建长城沿线遗产廊道体系（图7-1）。

7.1.2 基于最小累积阻力模型的遗产廊道构建

1. 数据来源与研究方法

构建遗产廊道的前提是围绕研究目标，着手进行基础数据的准备。研究数据主要包括长城沿线区域遗产信息、DEM、2020年土地利用类型、道路信息、百度地图POI等。长城遗产包括烽火台、军防聚落、寺观庙宇、抗战红色遗产、历史文化景观、交通驿道遗迹和陵寝墓葬，其历史和地理信息采集整理于北京市《第三次全

---

① 根据《北京市长城文化带保护发展规划（2018年至2035年）》，北京长城文化带包括核心区和辐射区，其中，核心区为长城遗产保护范围和一类建设控制地带，面积为2 228.02km^2；辐射区为除核心区以外的其他区域，面积为2 701.27km^2。

② 此处7类遗产采集整理于《第三次全国文物普查不可移动文物登记表》《北京市长城文化带保护发展规划（2018年至2035年）》，其中烽火台、军防聚落为长城相关遗产；寺观庙宇包括寺观和庙宇遗迹，如关帝庙、龙王庙、吕祖庙等；抗战红色遗产包括军事设施及事件发生地、纪念地等，如八达岭碉堡、平北抗日纪念碑等；交通驿道遗迹包括古代驿道、驿站等，如灵山古道等；陵寝墓葬主要指明十三陵中的定陵、长陵等；历史文化景观是《北京市长城文化带保护发展规划（2018年至2035年）》中认定的，如上6种类型之外的遗产类型，包括珍珠泉、五桂头及弹琴峡等。

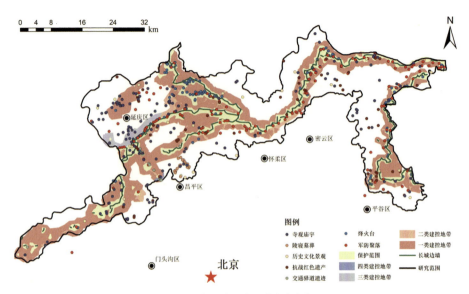

图7-1 北京长城沿线区域遗产分布

国文物普查不可移动文物登记表》与《北京市长城文化带保护发展规划（2018年至2035年）》，最后确定北京市长城沿线区域有烽火台150座、军防聚落142处、寺观庙宇139处、抗战红色遗产59处、历史文化景观30处、交通驿道遗迹14处和陵寝墓葬22处。数据来源方面，文中选取的数据包括中国科学院计算机网络信息中心科学数据中心建设的地理空间数据云下载的DEM数据（30m精度）与土地利用类型数据（2020年）以及BIGEMAP影像平台上下载的行政区划、道路信息以及餐饮、酒店、风景区等POI数据，研究范围内共包含公共服务设施8 094个。

以长城沿线区域遗产为研究对象，结合ArcGIS 10.6技术平台对遗产信息进行可视化和空间定位，从而构建北京长城遗产资源基础数据库。首先运用MCR方法构建遗产廊道，而后基于MCA方法，利用城市网络分析工具（UNA）测度长城遗产廊道的中心性特征，得到廊道的邻近性、中介性和直达性，将3个特性叠加得到廊道综合中心性，并进行廊道分级，最后结合核密度估计法对北京长城遗产廊道进行分类评价[①]。

---

① 贺鼎，王子瑜，吴海怡. 基于MCR与MCA模型的景德镇瓷业遗产廊道体系构建研究 [J]. 地理与地理信息科学，2022，38（3）：74–82.

2. 遗产源的选取与阻力面的生成

长城沿线遗产廊道的构建主要用到MCR模型[1]，最早由Knaapen提出，是对物种扩散过程的研究。俞孔坚[2]等学者通过运用MCR方法模拟人群在空间上沿一定路径抵达各遗产点的活动过程来对遗产廊道进行适宜性分析。本研究中MCR方法可简要分为遗产源选取、阻力面构建和成本连通性计算3个步骤。

首先，选取研究区域内556处遗产作为遗产源，其中烽火台150座、军防聚落142处、寺观庙宇139处、抗战红色遗产59处、历史文化景观30处、交通驿道遗迹14处、陵寝墓葬22处。

其次，选取阻力因子进行阻力面的生成。笔者综合大量同类研究成果，从自然环境、公共服务、交通网络3个方面确定构成综合阻力面的10个阻力因子类型，如图7-2（a）所示。自然环境方面选取高程、坡度、土地利用类型[3]，结合长城沿线区域的实际条件，对各阻力因子进行阻力赋值并构建阻力面，其中高程、坡度越大的区域存在自然灾害多发的状况，阻力值越大，土地利用类型的阻力值根据生态环境影响与人类社会经济活动相互作用的强度划分，相互作用强度越高的区域（如建城区），阻力值更低。公共服务方面选取餐饮、宾馆、旅游景区，采用核密度估计法构建阻力面，密度值高的区域公共服务水平高，资源联通性强，产业发展势头较好，适宜开展遗产休闲活动以服务乡村振兴的发展建设要求，则阻力值低。交通网络方面选取与道路距离[4]，采用欧氏距离算法构建阻力面，距离道路越近的区域，设施便利性和交通可达性越强，阻力值更低。本节阻力值设为1~5，分值高表示阻力大，不适宜进行遗产廊道的规划。

为科学确定遗产廊道的阻力因子权重，笔者邀请了文化遗产学、旅游学、城乡规划学、风景园林学、生态学等专业领域的18位专家，基于长城沿线区域遗产特征

---

[1] KNAAPEN J P, SCHEFFER M, HARMS B. Estimating habitat isolation in landscape planning[J]. Landscape and urban planning, 1992(23): 1–16.
[2] 俞孔坚，李伟，李迪华，等. 快速城市化地区遗产廊道适宜性分析方法探讨：以台州市为例[J]. 地理研究，2005, 24（1）: 69–76.
[3] 李欣鹏，李锦生，侯伟. 区域生态网络精细化空间模拟及廊道优化研究：以汾河流域为例[J]. 地理与地理信息科学，2020, 36（5）: 14–20, 55.
[4] 陈竹安，况达，危小建，等. 基于MSPA与MCR模型的余江县生态网络构建[J]. 长江流域资源与环境，2017, 26（8）: 1199–1207.

与生态环境现状对遗产廊道的阻力因子权重进行打分,经过多次反复论证后确定各阻力因子权重(表7-1)。在此基础上,运用ArcGIS中Weighted Sum功能加权叠加11项要素的阻力分布图斑,生成长城沿线区域综合阻力分布图,然后运用cost distance成本距离分析计算出最小累积阻力值,最终得到综合阻力面,如图7-2(b)、(c)所示。

表7-1 北京长城沿线区域遗产廊道阻力因子及其权重和相对阻力值

阻力因子	单位	权重	阻力值				
			1	2	3	4	5
高程	m	0.1	0~200	200~400	400~600	600~800	>800
坡度	°	0.15	0~5	5~10	10~15	15~25	>25
土地利用类型		0.2	建设用地	草地	林地	园地	耕地
餐饮	个/km²	0.09	0.59~9.33	0.22~0.59	0.07~0.22	0~0.07	0
宾馆	个/km²	0.08	0.94~8.60	0.40~0.94	0.17~0.40	0.03~0.17	0~0.03
旅游景点	个/km²	0.08	0.47~3.06	0.25~0.67	0.11~0.25	0.05~0.11	0~0.05
与高速公路距离	km	0.08	0~0.5	0.5~1	1~1.5	1.5~2	>2
与国道距离	km	0.08	0~0.5	0.5~1	1~1.5	1.5~2	>2
与省道距离	km	0.07	0~0.5	0.5~1	1~1.5	1.5~2	>2
与市道距离	km	0.07	0~0.5	0.5~1	1~1.5	1.5~2	>2

3. 遗产廊道的构建

在对上文的综合阻力面进行分级后,可得到长城沿线区域发展适宜性分区。并进一步运用成本连通性(cost connectivity)计算遗产源与阻力面的最小路径,即模拟生成长城沿线区域遗产潜在廊道,总长度2 978.9km,如图7-2(d)所示。

廊道整体呈东西走向的非闭环放射状形态,是由于其受到长城沿线区域独特的地理环境影响,土地利用类型与山地等地形隔断了廊道可能的通路。遗产廊道主体

第7章 基于MCA与MCR方法的长城沿线遗产廊道体系构建

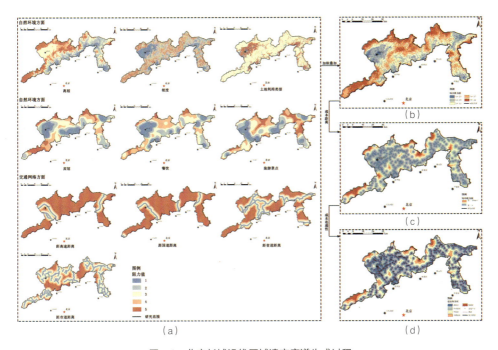

图7-2 北京长城沿线区域遗产廊道生成过程
（a）北京长城文化带各因子阻力分布；（b）综合阻力分布；（c）遗产廊道综合阻力面分析；
（d）遗产廊道与适宜性分区

从平谷区向北延伸至密云区，经密云区北部与西部延至怀柔区南部，并向西延至延庆区。主体廊道上的遗产多为与长城相关的烽火台、军防聚落等，其走向大致与长城墙体一致。此外，主体廊道还生出多条以道路为依托的支线廊道。第一大支线廊道从延庆区西南部的岔道东北古城（延庆04号城堡）出发向北延伸，此条支线廊道上的遗产多为寺观庙宇与军防聚落。第二大支线廊道位于昌平区，主要为明十三陵遗产所在之处，构成一条以陵寝墓葬为主的复合型廊道，并向东北延伸至昌平区、延庆区、怀柔区交界处，连接起分布于昌镇长城处的遗产。密云区从新城子城堡（密云23号城堡）向东延伸出一条类型为烽火台-城堡-寺观庙宇的支线廊道，此支线廊道位于蓟镇曹家路与古北路长城相接处，因此遗产多与长城相关，军防聚落与烽火台共同起到防御外来骑兵的作用。廊道上的文化遗产与其历史环境、自然环境息息相关，并相互融合，具备历史价值及景观与游憩功能，为体验者提供长距离休闲活动路径。

7.2 基于多中心评价模型的遗产廊道分级特征

为解决线性遗产区域的廊道分级工作，需要对如上构建的遗产廊道进行廊道等级划分，厘清遗产线路的重要程度。本次遗产廊道分级特征研究引入了原本应用于道路网络研究的多中心性评价（MCA）模型，是 Porta 和 Latora 于 2006 年提出的一种街道网络分析方法[1]。基于 MCA 的交通网络分析方法不仅可以独立完成交通网络可达性的测度，还可量化分析交通网络与城市各类社会经济要素之间的关系及各类社会经济要素网络可达性。遗产廊道的中心性特征在遗产保护和展示方面的意义就在于其邻近性、中介性、直达性3个特征加权叠加的值越大，其中心性等级越高，就代表它在几何网络中越占据中心位置，交通流量越大，可达性越高，越方便进行遗产的保护与展示利用，在后续的遗产廊道的规划设计中，应当配置等级更高的旅游基础设施。

7.2.1 遗产廊道多中心性评价

基于 MCA 模型，使用城市网络分析工具（UNA），选取邻近性（closeness）、中介性（betweenness）和直达性（straightness）测度北京长城沿线区域遗产廊道的中心性特征。其中，邻近性[2]指一遗产点与其他遗产点的邻近程度，即距离体验者的综合距离邻近程度。中介性[3]用于衡量廊道网络中网络节点的交通流量值，

---

[1] PORTA S, STRANO E, IACOVIELLO V, et al. Street centrality and densities of retail and services in Bologna, Italy[J]. Environment and planning B: urban analytics and city science, 2009, 36(3): 450–465.

[2] 邻近性为某一节点到其他所有节点平均距离的倒数，距离其他节点越近，邻近值越大，意味着更靠近中心位置。公式：$C_i^C = \dfrac{N-1}{\sum_{j=1;j\neq i}^{N} d_{ij} W_j}$，式中，$C_i^C$ 为节点 i 的邻近性；N 为道路网络节点数；d_{ij} 为节点 i 与 j 之间的最短距离；W_j 为节点 j 的权重。

[3] 中介性指廊道中某一遗产点承担任意两个遗产点的最短路径经过该点的数量比例之和，公式：$C_i^B = \dfrac{1}{(N-1)(N-2)} \sum_{j=1;k=2;j\neq k\neq i}^{N} \dfrac{n_{jk}(i)}{n_{jk}} W_j$，式中，$C_i^B$ 为节点 i 的中介性；N 为道路网络节点数；n_{jk} 为节点 j 与 k 之间最短路径数量；$n_{jk}(i)$ 为节点 j 与 k 之间最短路径中穿过节点 i 的最短路径数量；W_j 为节点 j 的权重。

值越高，意味着穿过一遗产点的最短路径越多，即体验者在廊道上运动时更易经过，该遗产点具有更高流量值。直达性[①]用于衡量两节点间最短路径与直线路径的偏离程度，两者比值越接近1，代表直达性的值越大，交通效率越高，即体验者更易直接到达。

基于廊道邻近性、中介性、直达性测度结果，我们发现长城沿线区域遗产廊道中介性呈现明显的核心边缘衰减分布模式，邻近性与直达性的高值区分布在廊道边缘，中部主线廊道为次高值区如图7-3（a）所示。廊道中介性以延庆区南部和怀柔区南部的主要廊道为高值区，密云区北部为次高值区，其余廊道中介性较低。廊道邻近性在门头沟区有两段邻近性最高的廊道，在廊道中介性最高的地方，即主要廊道区段为次高值区。廊道直达性两处高值区域分别位于密云区东北部和昌平区西部，次高值区邻近性大致相同，为延庆区南部和怀柔区南部的主要廊道区段。

7.2.2 遗产廊道分级特征

在ArcGIS软件中提取廊道邻近性、中介性、直达性测度值，将三者导入SPSS软件进行离差标准化分析，对测度数据进行线性转换，使结果在0~1，并根据专家打分法，赋予邻近性权重0.8、中介性权重1、直达性权重0.3，在此基础上，运用ArcGIS中Weighted Sum功能加权叠加3个特征测度数据，生成北京长城沿线区域遗产廊道综合中心性分析，并利用自然间断法对其等级进行划分如图7-3（b）所示。将廊道分级出现变化的节点作为段与段之间的间断点，并以主要廊道等级作为其廊道级别，将长度较短的支线廊道合并到主要廊道中，经人工判别，共划分出51段廊道，其中一级廊道10段，二级廊道5段，三级廊道4段，四级廊道8段，五级廊道24段，如图7-3（c）所示。廊道等级整体呈现以中部主要廊道高值区域向边缘衰减的分布模式。一级廊道位于延庆区南部、怀柔区南部及密云区西部，其与周围较短的支线廊道共同形成一条"高等级廊道聚集带"。一级廊道两端各延伸出1条二

---

① 直达性指给定节点到所有网络节点的欧氏距离与实际网络地理距离的比值，公式：$C_i^S = \dfrac{1}{N-1} \sum\limits_{j=1; j \neq i}^{N} \dfrac{d_{ij}^{Eucl}}{d_{ij}} W_j$，式中，$C_i^S$为节点$i$的直达性；$N$为道路网络节点数；$d_{ij}^{Eucl}$、$d_{ij}$分别为节点$i$与$j$之间的欧氏距离和最短距离；$W_j$为节点$j$的权重。

级廊道，1条位于密云区北部向东延伸，1条向南延至昌平区西部，密云区至昌平区连续的廊道带是北京长城沿线区域遗产廊道中心性最高、廊道级别也最高的区域。

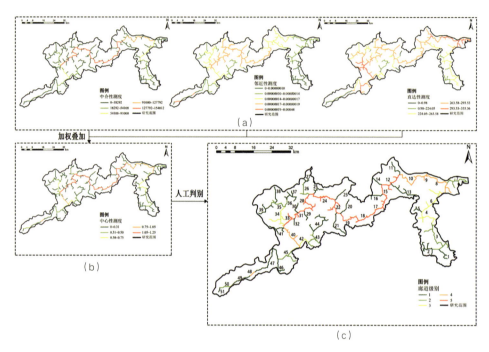

图7-3 北京长城沿线区域遗产景观廊道中心性测度流程图（图c中数字编号的廊道指称，详见表7-2）
（a）遗产线路中介性、邻近性、直达性分析；（b）遗产线路综合中心性分析；（c）遗产线路构建与等级划分

表7-2 长城遗产景观廊道等级与类型特征

序号	名称	等级	类型	类型编号	包含遗产数/个
1	上宅文化遗址—药王庙—黑水湾城堡	5	多复合型	E	9
2	鱼子山抗日战争纪念馆—平谷区桃棚长城段1号烽火台—鱼子山城堡—观音寺	5	多复合型	E	27
3	白云寺—将军关—上营城堡—密云1号城堡	4	多复合型	E	21
4	密云3号烽火台—密云3号城堡—四十八烈士牺牲地	3	多复合型	E	14
5	塔寺会—白龙潭龙泉寺—清洞山三教寺	5	寺观庙宇	C	5
6	承兴密联合县政府旧址—密云61号城堡—五峰山庙遗址—密云9号城堡—龙王庙	3	多复合型	E	30

续表

序号	名称	等级	类型	类型编号	包含遗产数/个
7	密云22号城堡—密云19号城堡—密云14号烽火台—密云16号城堡—密云15号烽火台—密云15号城堡	4	烽火台-城堡型	D	32
8	密云11号城堡—密云23号城堡—密云25号城堡	2	城堡型	B	17
9	密云26号城堡—古北口长城抗战七勇士纪念碑—二郎庙—密云18号烽火台—密云32号城堡	2	多复合型	E	26
10	密云33号城堡—密云19号烽火台—密云37号城堡—密云27号烽火台—密云28号烽火台	2	烽火台-城堡型	D	25
11	密云38号城堡—密云30号烽火台—密云41号城堡	5	烽火台-城堡型	D	14
12	密云39号城堡—密云33号烽火台—密云45号烽火台	1	烽火台-城堡型	D	31
13	密云39号烽火台—冯家峪战斗纪念碑—大安寺	5	多复合型	E	15
14	白庙子遗址—吉祥庵	5	其他型	F	3
15	七烈士纪念碑—密云46号烽火台—白乙化烈士陵园—密云51号城堡	1	多复合型	E	17
16	密云46号烽火台—丰滦密联合县政府遗址	5	其他型	F	4
17	密云53号城堡—密云57号城堡—密云59号城堡	1	城堡型	B	18
18	大水峪城堡遗址—河防口城堡遗址—长园城堡遗址	1	城堡型	B	14
19	亓连口堡遗址—田仙峪堡遗址—擦石口城堡遗址	1	城堡型	B	20
20	延庆区027号城堡—磨石口城堡遗址	5	其他型	F	5
21	南冶口城堡遗址—兴隆城堡遗址—四渡河遗址	5	其他型	F	8
22	驴鞍岭城堡遗址—延庆区021号城堡—延庆区026号城堡	1	城堡型	B	25
23	珍珠泉—延庆县30号烽火台—延庆县31号烽火台	5	其他型	F	4
24	延庆县32号烽火台—延庆县71号烽火台	1	烽火台型	A	35
25	延庆县67号烽火台—延庆县41号烽火台	5	烽火台型	A	12
26	延庆县60号烽火台—延庆区035号城堡—延庆县75号烽火台	4	烽火台-城堡型	D	9
27	延庆县80号烽火台—延庆县85号烽火台—延庆县84号烽火台	5	烽火台型	A	12
28	延庆县8号烽火台—延庆区018号城堡—延庆县1号烽火台	1	烽火台-城堡型	D	20

续表

序号	名称	等级	类型	类型编号	包含遗产数/个
29	延庆区014号城堡—真武庙—佛爷庙	5	其他型	F	5
30	黄龙潭龙王庙—马匹营龙王庙—魏家营佛爷庙	5	寺观庙宇型	C	5
31	延庆县5号烽火台—延庆区012号城堡—柳沟村城隍庙—延庆县13号烽火台	1	多复合型	E	20
32	柳沟村城隍庙—窑湾烈士碑—冯家庙	5	寺观庙宇型	C	3
33	延庆区009号城堡—延庆县14号烽火台—延庆区005号城堡	1	烽火台-城堡型	D	21
34	赵庄关帝庙—东屯真武庙—泰山庙—马神庙	3	寺观庙宇型	C	20
35	朝阳寺—应梦寺—田宋营龙王庙—中羊坊村龙王庙及戏楼	4	寺观庙宇型	C	10
36	延庆区040号城堡—平北抗日烈士碑—韩郝庄龙王庙	4	多复合型	E	8
37	金刚寺及石造像—李明纪念碑—延庆区034号城堡	5	多复合型	E	17
38	平北军分区司令部遗址—双松寺—应梦寺	5	寺观庙宇型	C	5
39	兴福寺—张山营龙王庙—四五里营龙王庙、戏楼	5	寺观庙宇型	C	13
40	八达岭碉堡—延庆县29号烽火台—石佛寺—南口城—宝林寺	2	多复合型	E	26
41	望京石—延庆区003号城堡—榆林堡关帝庙—营城子龙王庙	5	多复合型	E	14
42	宝林寺—南口村清真寺—沟崖村寺庙	3	寺观庙宇型	C	3
43	十三陵镇—昭陵村关帝庙—仙人洞遗址	4	多复合型	E	28
44	平北疗养所遗址—昌平区长陵镇北齐长城烽火台1号—西水峪城堡遗址—二道关城堡遗址—莲花山八仙庙	5	多复合型	E	27
45	兴隆口村关帝庙—白羊城—北流村关帝庙—南流村菩萨庙	4	多复合型	E	14
46	溜石港村九圣神祠—西山惨案遗址碑—木泉沟菩萨庙	5	寺观庙宇型	C	8

续表

序号	名称	等级	类型	类型编号	包含遗产数/个
47	韩台村九圣庙—永兴寺—财神庙—马套村关帝庙	5	寺观庙宇型	C	16
48	大悲岩观音寺	2	其他型	F	1
49	沿河城南山烽火台2—沿河城关堡	5	城堡型	B	4
50	灵岳寺—双林寺	4	寺观庙宇型	C	2
51	灵岩寺	5	其他型	F	2

7.3 遗产廊道类型识别与规划策略思考

上文已将51段北京长城遗产廊道划分为5个等级，但这些廊道属于什么样的遗产展示主题尚待分析。接下来，本书将从不同主题的遗产核密度分析入手，总结出51段遗产廊道的主题类型、空间结构和分布特征。更进一步的，遗产廊道构建对于长城国家风景线路体系规划和长城区域分主题、分层级的遗产线路设计具有怎样的启示，将是本书讨论的重点。

7.3.1 遗产核密度估计与廊道类型

首先，运用ArcGIS中Kernel Density工具分别对烽火台、军防聚落、寺观庙宇、抗战红色遗产、历史文化景观、交通驿道遗迹和陵寝墓葬进行核密度估计分析，生成核密度分布图。烽火台有3处高密度聚集区，分别位于延庆区南部、东部和密云区西北部，其余沿长城沿线区域东部均匀分布；城堡主要沿长城墙体分布；寺观庙宇的高密度聚集区位于延庆区，其余分散分布于整个研究范围；抗战红色遗产的高密度聚集区位于怀柔区，其余分散分布于整个研究范围；历史文化景观以单点的形式分散分布于整个研究范围；交通驿道遗迹集中分布于居庸关沟处；陵寝墓葬主要为明十三陵中的长陵、定陵等，集中分布于昌平区。

其次，将遗产核密度分布图与廊道等级分布图进行叠加，得到北京长城沿线区域遗产核密度分布与廊道等级关系图（图7-4）。叠加分析显示，51段廊道可分为6种主要类型，包括3种单一特色型、2种特色复合型和其他型。分别为烽火台型廊道（A）3段，军防聚落型廊道（B）6段，寺观庙宇型廊道（C）11段，烽火台-城堡双复合型廊道（D）7段、多复合型廊道（E）16段，复合型廊道又以主要遗产特色可分为城堡为主的复合型、交通驿道遗迹为主的复合型，陵寝墓葬为主的复合型，抗战红色遗产为主的复合型，其余廊道因段数短、特点不突出，统称为其他型（F）8段。以长城墙体走向为依托的主要廊道级别较高，廊道类型包括（A）、（B）、（C），多包括与长城相关的遗产，如烽火台、城堡，其他类型廊道多位于支线处，等级较低。

再者，由上文可知，遗产廊道的分级与分类对于文旅线路规划有重要的指导意义。遗产廊道分级体系中廊道的等级越高，意味着在廊道周围应布置更高等级的文旅基础设施；遗产廊道分类体系指向了遗产阐释与展示的主题特征，能够有效指导遗产廊道的主题区域划定工作。但廊道的分级体系与分类体系之间并不是完全相互分离的，两者之间的关系需要被进一步解析。

因此，笔者试图将上文廊道分级与分类的结果进行结合分析，进一步说明北京长城沿线区域遗产廊道分级体系和分类体系之间的关系。基于分级与分类体系的矩阵数量关系可知（表7-3），从遗产廊道的分级来看，51条遗产廊道主要集中在一级和四、五级，呈两极分化趋势。一级廊道有10条，占总廊道的19.61%，主要以烽火台-城堡双复合型和城堡型两种遗产廊道类型为主，表明高级别的廊道以长城遗产核心要素类型为主。原因是城堡、敌台和烽火台3种核心军事要素经常紧密结合分布于长城本体周边，占据长城的中心位置。因此在高级别廊道规划中要更加重视军防聚落和烽火台等核心军事要素的价值阐释问题，突出"烽""堡"及双功能型"烽堡组合"的主题特征。而四、五级廊道总共有32条，占总廊道的60%以上，其中又以多复合型和寺观庙宇型廊道居多，表明等级较低的遗产廊道中存在构成要素多样化、阐释主题多元化的特征。低级别廊道中以多复合型廊道为多，其原因在于多复合型中包括抗战红色文化遗址、交通驿道遗迹等诸多长城文化资源，属于长城的附属功能，分布较散，可作为长城遗产资源以外的辅助性主题内容；寺观庙宇型是因为随着长城的大规模修筑，长城沿线出现大量屯兵及

第7章 基于MCA与MCR方法的长城沿线遗产廊道体系构建

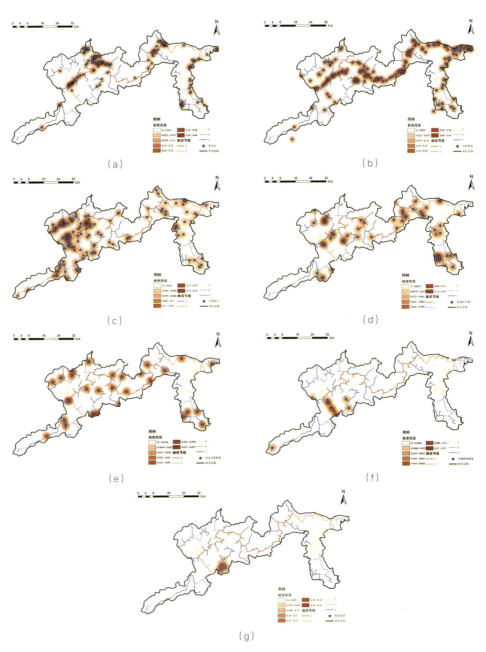

图7-4 遗产核密度与廊道等级关系

(a) 烽火台；(b) 军防聚落；(c) 寺观庙宇；(d) 抗战红色遗产；(e) 历史文化景观；
(f) 交通驿道遗迹；(g) 陵寝墓葬

表7-3 北京长城沿线区域遗产线路等级与类型数量矩阵

遗产线路等级及类型	烽火台型/个	城堡型/个	寺观庙宇型/个	烽火台-城堡双复合型/个	多复合型/个	其他型/个	总数/个	占比/%
一（高级别）	1	4	0	3	2	0	10	19.61
二	0	1	0	1	2	1	5	9.80
三	0	0	2	0	2	0	4	7.84
四	0	0	2	2	4	0	8	15.69
五（低级别）	2	1	7	1	6	7	24	47.06
总数	3	6	11	7	16	8	51	—
占比/%	6	12	22	14	31	15	—	—

生产的军防聚落，出于祈求平安的需求，修建了大量寺观庙宇等宗教信仰空间。因此在低级别廊道规划中要侧重于复合遗产类型的综合主题阐释，特别是要重视寺观庙宇类型的阐释及相关的基础设施配套更新问题。总体来看，遗产廊道类型以多复合型和寺观庙宇型数量最多，两者相加占比超过总廊道数量的60%，表明多复合型和寺观庙宇型两种主题类型在长城遗产廊道中占据主体类型，在主题阐释中应该重点关注。

7.3.2 遗产廊道类型的空间特征及形成机制

以上分析得到了长城沿线遗产廊道的主要类型，这几种重要类型是长城沿线区域的内生性遗产廊道，揭示了长城区域景观特征的空间结构特征，其最终以一定的要素空间组合模式呈现出来，所形成的遗产廊道单元成为其形成逻辑的物质见证和视觉表征。从空间分析与历史地理的维度，我们不难得出不同廊道类型的空间特征与主要形成机制（图7-5）。

第7章 基于MCA与MCR方法的长城沿线遗产廊道体系构建

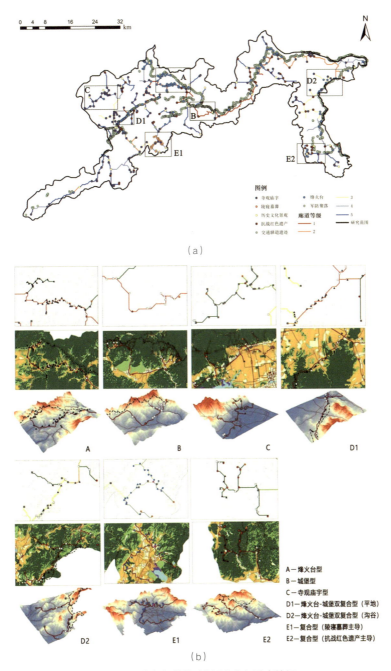

图7-5 遗产廊道类型空间分布与形态特征
（a）七类廊道的典型段落取样位置；（b）七类廊道的平面形态、三维立体形态及其与土地利用的关系

烽火台型廊道（A）主要位于延庆区，烽火台多分布于山沟两侧的山峰上，在有实土卫所的地方，卫所与长城边墙距离较远，为将军事情报信息传至实土卫所，由此形成城堡与边墙之间的"烽传链"景观廊道。城堡型廊道（B）位于怀柔区西南部，城堡多分布于两侧为山体的谷地，且邻近水源，是明代时期沿长城一线设置的军事卫、所、城堡，大多延续至今并不断生长扩大，成为自然村落，与长城紧密相关，分布于沿长城纵深方向1～3km处，构成单一功能性的城堡廊道。寺观庙宇型廊道（C）包括军事相关信仰寺庙廊道和民间信仰寺庙廊道，与军事系统相关的寺庙如武将类、守护神类神祇寺庙，由明代驻防官兵建设和祭拜，是传统军防体系的组成部分，这些寺庙大多建设在重要军事设施之间的山头、山坡显要处，具有一定的军事情报传递价值，如古北口的关帝庙、玉皇阁等；民间自建寺庙通常出于日常礼俗需求，多修建于村落内部或周围，为地方性的守护神与水神庙等，如二郎庙、真武庙、龙王庙等。烽火台-城堡型廊道（D）是一种常见的长城遗产双复合型廊道，随着明代长城的大规模修筑，长城沿线地区出现大量屯兵及生产的军防聚落，烽火台与城堡共同构成一个烽火传递体系，烽燧为城堡提供军事情报，城堡为烽燧提供后勤补给，同时起到军情传递和屯兵垦殖的作用，此类廊道在地形复杂的山地沟谷（D1）和地势平坦的农田处（D2）均有分布，多与长城墙体走势一致。多复合型廊道中，以交通驿道遗迹为主的复合型廊道位于居庸关沟处，是历史上重要的交通驿道，同时也是京张铁路等重要史迹所在之处，其遗产多沿水系分布于两侧的山峰上；以陵寝墓葬为主的复合型廊道（E1）主要指以明十三陵中的长陵、定陵、昭陵等构成的廊道，集中分布于昌平区，地处东、西、北三面环山的小盆地之中，陵区周围群山环抱，中部为平原；北京明长城沿线区域从古至今都是军防重地，在抗战时期形成多处革命文物与红色文化遗址，包括门头沟区八路军宋邓支队会师地旧址、昌平区西山惨案纪念碑，平谷区将军关抗战时期战道遗址等，形成以抗战红色遗产为主的复合型廊道（E2）。

7.3.3 长城遗产廊道规划思考

本章针对北京长城沿线区域，运用MCR方法构建遗产廊道，基于MCA方法，利用城市网络分析工具（UNA）评估廊道多中心性特征并进行分级，结合核密度估计法形成廊道分类方案。MCR、MCA与核密度估计法结合的GIS定量研究方法为遗产廊道分级分类体系的构建提供了科学依据。结果表明，北京长城遗产廊道整体呈东西走向的非闭环放射状形态；廊道多中心性特征呈现明显的核心-边缘衰减分布模式，依据自然间断法将廊道分为5级，廊道等级呈现中心高、边缘低的分布特征；廊道可分为6种类型，以长城墙体走向为依托的主要廊道级别较高，多包括与长城相关的遗产，如烽火台、城堡，其余多复合型廊道及其他类型廊道多位于支线处，与遗产所在处当地文化相关，廊道级别相对较低。以北京长城沿线区域为例对遗产廊道展开研究，拓展了中国遗产廊道的概念外延和研究类型，应用MCR与MCA结合的GIS定量研究技术拓展了遗产廊道研究的技术方法，探索了遗产廊道体系多级别、多类型的精细化空间结构。基于上述研究结论，对长城文化带与长城国家文化公园规划及风景道建设有如下启发：

第一，长城国家风景线路体系规划。现有国家文化公园建设保护规划中已有组团、段等内容，但对廊道、线路重视不够，缺乏系统性规划。目前已发布的"京畿长城"国家风景道以道路为依据构建了一条风景道主线，但单靠主道无法充分衔接长城文化带区域内丰富的遗产资源和旅游资源，也无法对区域内交通干道的游客进行分流，缺乏更精细的支线道路。因此，应在系统全面梳理各类遗产点的基础上，利用定量工具综合高程、坡度、道路、水流等因素，更科学地优化风景道的空间布局，增加多条支线道路，构建更加精确、细致的风景道系统。并应以系统性、整体性视角构建长城遗产与风景园林相融合的风景线路体系，同时基于不同交通方式和时空运动特征，形成公交车道、自行车道、步道等不同遗产风景线路。

第二，长城遗产廊道分级构建与设施配置。在实践应用层面，廊道的分级构建对全域旅游规划、旅游线路组织具有参考价值。本研究所采用的多中心性评价模型可为各类廊道的分级构建提供科学支撑，精细刻画廊道的空间等级，并对旅游交通、旅游游线、停车场、住宿设施、餐饮购物、游客服务中心、游憩服务设施以及安全设施体系等的分级配置提供合理规划建议，建立起与廊道等级特征相适应的旅游服务设施体系，完善廊道沿途休闲、娱乐功能，更好地实现该廊道历史、文化、景观、自然、交通等多重价值。

第三，长城遗产廊道主题区划定与主题性展示利用策划。针对长城遗产廊道进行分等级、类型化的展示与利用，突出不同廊道段落独特的遗产类型特征，划定主题展示区域。如沿长城墙体的高等级廊道，应突出其单功能型"烽""堡"及双功能型"烽堡组合"的主题特征，配备区域性、高等级的旅游服务设施，而级别相对较低的其余多复合型廊道及其他类型廊道，应侧重于复合遗产类型的整体展示，或遗产所在处当地文化的展示，综合规划文旅线路。

结　语

长城遗产以数据量大、分布范围广泛、空间位置零散为突出特征，这些数据特点是一把双刃剑，一方面，这导致很大的调研难度和较高的数据获取成本，甚至在一定程度上，对于长城开展"求全责备"的整体研究，这一目标似乎是无法达成的。另一方面，这种"量大面广"的遗产特征为数据驱动的研究范式提供了可能，长城遗产的区域性特征中蕴含了地理学思想中"空间特异性"的朴素现象，而其遗产、生态、经济的综合性特征则为地理学的空间关联分析提供了基本的逻辑分析链条。

无论是长城、大运河、长征、黄河、长江这些已被纳入国家文化公园建设范围的大尺度文化遗产[1]，还是海上丝绸之路、万里茶道等中国世界遗产预备名录[2]中的跨区域系列遗产，它们均以巨大的地理尺度、丰富的文化内涵、综合的可持续发展问题为突出特征。基于长城聚落遗产的区域性、综合性特征，本书尝试进行数字驱动研究方法的探索，并发起"遗产数据科学"的范式探讨，力图为我国其他大尺度区域性遗产的分析研究和规划设计提供一种新的思考路径。

1. 主要结论

本书绪论部分通过整体的学术史回顾，梳理了历史文献、史志资料、古籍地图等，总结了长城的防御纵深和文化区系属性，论述了长城聚落体系及其区域发展的综合性。基于长城聚落遗产"区域性"和"综合性"论述，本书开始了一系列如下分析和讨论。

第2~4章在聚落空间基础信息及文史资料基础上，以数理统计、地理信息系统和计算机技术分析为手段，结合定性分析与定量解析，重点研究了北京明长城军防聚落的空间分布特征、沟域空间结构和聚落建筑形态。其中，第2章从宏观区域视野和微观地形尺度研究北京明长城军防聚落环境与选址特征，论证了长城军防聚落

---

[1] 2021年发布的《中华人民共和国国民经济和社会发展第十四个五年规划和2023年远景目标纲要》将"建设长城、大运河、长征、黄河等国家文化公园"确认为深入实施中华优秀传统文化传承发展工程，并在2022年1月将长江国家文化公园列入最新的建设名录，5个国家文化公园均进入实质建设阶段。

[2] 2016年5月19日，泉州、广州、宁波、南京4城签订《海上丝绸之路保护与申遗中国城市联盟章程》，正式启动中国海上丝绸之路项目的申遗工作，目前"海丝"联盟城市已经扩展到34个。2019年3月8日，国家文物局将"万里茶道"列入《中国世界文化遗产预备名单》，万里茶道中国段涵盖八省，申遗工作取得阶段性成果。

是人与自然互动形成的、建成环境与自然山水紧密耦合的文化景观。从宏观尺度，借助GIS工具从统计学意义上分析了长城军防聚落的高程、坡度、坡向及水环境特征，揭示出长城军防聚落的分段分布特征和纵深分布特征。从微观尺度，将军防聚落分为山峰型军防聚落、河谷型军防聚落和平原型军防聚落3个选址类型，并根据军防聚落微地形特征，可分为平地建城型、压山建城型和跨山建城型。在特定微地形环境中形成了三台、十字天心等典型堪舆模式。

第3章从地理空间单元角度，重点分析长城军防聚落区域环境规律和沟域单元格局特征。基于古籍地图与地理环境的对读互证，论述了沟域作为长城军防格局单元的普遍性与适用性。以"京师锁钥"的长城蓟镇西协古北路为案例，详细地解读了古北路基于山水形胜的军防路网格局、以营城堡为核心的军防空间单元、基于"沟-关-寨"的军防空间亚单元所构成的多层次军防空间特征。在此基础上，聚焦于古北路特殊的军事区位下形成的"一沟三营"典型空间单元，利用地理信息系统可视性分析工具，从军情传递的角度识别与提炼军防空间层次和组团构成。研究发现，古北路军防空间单元依据军防角色的区分形成了"前线烽火台-边墙敌台-后方城堡"3个功能层次以及以3座营城堡为核心的，集合军事指挥、兵源驻屯、军情传递和战斗阻击等军防要素的复合型空间层次。在古北路"一沟三营"军防空间单元中，军防要素呈现出特定要素间组团聚集、精细布局的5种军防空间组团模式，分别是"烽-燧-链"与"烽-燧-网"模式、"堡-楼"模式、"中心堡-卫星寨"模式、"堡-庙"模式、"寺庙网络"模式。

第4章深入解析长城军防聚落及其建筑的形态布局特征和营建规律，主要从城廓形态、街巷街廓以及公共建筑3个方面进行研究。基于长城军防聚落的实测数据，统计分析了城廓规模大小和城廓形态类型特征，不同的军防聚落的规模大小和形态受到其战略地位、军事级别、地理环境等各因素的综合影响。在军防聚落内部，街巷格局、街廓尺度以及院落空间的组织模式呈现出差异性与适应性特征，不同军防聚落内部的空间组构反映出居防结合、等制区分、因地制宜的营建规律。最后，聚焦于军防聚落内的公共建筑，选取典型城堡聚落深入分析军事防御庙宇和一般生活性庙宇，归纳阐述了不同信仰内涵的庙宇布局规律和建筑结构特征。

第5~7章聚焦于数字技术支撑下的长城区域可持续发展与规划设计路径，针对长城沿线区域的发展适宜性评价、景观特征评估、遗产廊道构建开展研究，研究过程以定量的数据驱动方法为主，定性方法为辅，尝试探索数据驱动遗产区域规划设计的新兴技术手段。

其中，第5章对长城沿线沟域单元进行可持续发展适宜性评价。将北京长城沿线5大流域划分为169个沟域单元，得到北京长城沿线区域的范围边界，结合层次分析法、三角形图解法和空间自相关分析等方法，从文化、社会经济和生态3个维度构建综合的可持续发展适宜性评估体系，分析长城沿线沟域发展适宜性并分析得出7种发展适宜性类型，从而针对多元示范型沟域组团、重点提升型沟域组团提出相应的可持续发展对策。

第6章针对北京长城沿线遗产区域的自然景观和文化遗产的深度耦合关系，尝试构建自然景观与文化遗产相融合的景观特征类型识别方法。在北京长城沿线遗产类型、数量和空间分布研究与景观特征因素选取的基础上，以地理信息系统的叠加分析为手段，把自然景观特征类型与文化遗产要素的景观特征单元整合形成北京长城景观特征类型，识别归纳出长城沿线区域边墙型斑块、城堡型斑块、烽火台型斑块、边墙城堡复合型斑块等7大类、共计31种景观特征类型，探究其自然生态环境与历史文化遗产的深层耦合关系及形成机制，并提出基于景观特征评估的差异化保护、规划和管理策略。

第7章结合遗产廊道构建与分级分类方法构建北京长城沿线区域遗产廊道体系。利用ArcGIS空间分析技术，采取最小累积阻力模型（MCR）与多中心性评价模型（MCA）针对长城文化遗产体系构建遗产廊道，借助核密度估计法和典型案例分析法进行遗产廊道分级与类型识别，揭示了长城遗产廊道的空间结构与类型特征，从而构建北京长城沿线区域遗产廊道体系。本章应用MCR与MCA结合的GIS定量研究技术拓展了遗产景观廊道研究的技术方法，探索了区域性遗产景观廊道和遗产线路体系多级别、多类型的精细化空间结构。

2. 局限性和展望

本书汇集长城沿线军防聚落多元数据，运用数据分析与可视化技术，探索大尺度区域遗产保护、可持续发展议题与数字技术的融合发展及交叉应用，初步搭建了数据驱动的城乡保护与更新研究框架，涵盖了区域、沟域和聚落等不同尺度及文化遗产、经济社会和生态环境等不同维度的分析内容。但从数据来源、研究方法和工程实践的角度来看，相关研究还有很大的深化和优化空间。

2.1 数据来源的拓展

本书主要应用的数据包括地理信息数据、聚落基础数据及历史文化数据。地理信息数据包括数字高程模型、土地利用类型、河流和行政区划等信息数据；聚落基础数据包括长城墙体、烽火台、敌台、城堡、寺庙等遗产要素分布与属性，以及聚落空间形态测度的相关数据等；历史文化数据包括北京明长城沿线军防体系、聚落布局、设施系统等的文献记载和古籍地图等。值得注意的是，本研究综合使用了经由无人机倾斜摄影形成的3D聚落模型数据，结合历史及当代卫星影像的2D图像数据，为聚落的空间定位、尺寸测度提供了更为精准、翔实的数据来源。

以上数据经过史料挖掘、信息汇集、多元融合，共同形成北京长城遗产多元信息数据库，为本研究提供了全面、扎实的基础信息。但长城遗产分布范围广泛、价值内涵丰富，仍有大量数据散落于地方传统中。本研究使用的仍是基于面域数据的整体性方法，典型案例研究主要集中于某些重点区段，研究过程难免挂一漏万，很多基础数据还有进一步挖掘整理的巨大空间。例如，可以采用人类学田野调查和口述历史研究方法，深入长城沿线军防聚落开展实地考察，通过收集一手的"民间"信息与"地方"历史材料，与历史史实、遗址遗迹、考古实证等进行交叉论证，整合形成长城沿线军防聚落的物质遗产与活态传统，历史数据与现状信息共构的遗产资源数据底盘。同时，结合"田野数字化采集系统"等手段，将获取的摄影图片、三维模型、口述历史、乡镇志书等信息，以空间数据的方式进行集成，建构多层次、多维度、全要素的长城遗产时空信息数据库，这将为长城沿线军防聚落的系统研究提供科学依据，也有利于长城文化遗产的记录、保护和利用。

2.2 研究方法的迭代

本书聚焦数据驱动下的大尺度遗产区域保护与更新，以统计学和空间信息分析技术为手段，分析了长城沿线聚落遗产的区域性与规律性特征，并针对长城沿线区域发展的适宜性评价、景观特征评估、遗产廊道构建开展研究，以数据驱动的定量方法为主，定性方法为辅，综合数据分析与可视化方法探索了长城遗产区域可持续发展与规划设计路径。本书各章综合使用了可视域分析、层次分析法、空间自相关分析、三角形图解法、最小累积阻力模型、多中心性评价模型等一系列方法，但在人工智能日新月异的今天，研究方法还有较大的拓展、迭代空间。在后续研究中，可以利用新兴技术进一步推动遗产数字化保护与展示，通过引入机器学习、图像类人工智能、三维视觉成像等技术方法，从原始数据采集、算法模拟、数据分析及结果可视的全过程量化分析，综合呈现长城聚落遗产的丰富内涵和突出价值。

2.3 工程实践与优化

近年来，长城遗产保护利用工作受到越来越多的关注和重视，相关创新型工作思路与方法日益涌现，以文化与数据并行驱动，对长城这一大尺度遗产区域开展科学决策研究已迫在眉睫。

2022年文化和旅游部发布8条长城主题国家级旅游线路和62条长城主题精品线路，同时，国家文物局发布了全长约400km、辐射联动8个国家级长城重要点段的"京畿长城"国家风景道。《北京市长城文化带保护发展规划（2018年至2035年）》明确指出调整沿线村镇产业结构、改善村庄生活条件的五年攻坚行动内容，不仅要从建设入手，更要从传承长城文化价值，突出乡村聚落遗产保护价值，统筹生产、生活与生态共融谋划等方面展开思考。总体而言，国家政策对长城沿线的保护与发展提出的更高、更综合、更科学的要求与目标，成为本书的研究切入点。从目前长城沿线遗产保护传承工作的现实来看，还存在两个方面的问题。

首先，长城遗产保护利用工作中碎片化、局部化特征与长城遗产资源的系统性、丰富性之间构成较大的鸿沟。对北京长城聚落遗产的构成要素认定、类型划分、空间形态及其形成机制、综合价值及阐释与展示体系的研究，对于长城区域遗产保护具有重要的基础性意义。本书关于聚落遗产的相关研究为长城遗产阐释与展示的主题分区、线路串联提供了诸多思考方向，对于沟域与城堡聚落的保护和展示提供了参考框架。

其次，本书的诸多研究内容还需在实践中检验和优化。第5～7章中，针对长城沿线区域的可持续发展适宜性、自然景观和文化遗产耦合的景观特征、遗产廊道体系分级分类构建展开研究，并提出了诸多应对策略。这个数据驱动的研究进路能够为国家文化公园的组团选择、优势判别和策略研判提供科学决策支撑（第5章），能够为长城沿线景观环境的整治和管理提供论证思路（第6章），也能为京畿长城国家风景道的规划提供更为精细的、数据化的决策依据（第7章）。目前呈现在本书中的规划设计策略，大体仍以学理性的讨论为主，还需要扎实的实践来反复验证与优化。作为文化遗产学者，我们热切期待着理论研究与工程实践形成密切对话的那一天。

参考文献

古籍文献

[1] 班固. 汉书·沟洫志[M]. 北京：中华书局，2007.

[2] 班固. 汉书·袁盎晁错传[M]. 北京：中华书局，2007.

[3] 丁符九，赵文粹，修，张鼎华. 密云县志[M]. 刻本，1881.

[4] 龚自珍. 说居庸关[M]. 苏州：苏州大学出版社，2001.

[5] 郭璞. 葬书[M]. 台北：新文丰出版社，1987.

[6] 刘效祖. 四镇三关志校注[M]. 郑州：中州古籍出版社，2018.

[7] 茅元仪. 武备志[M]. 明天启元年刻. 清初莲溪草堂修补本.

[8] 密云县志编纂委员会. 密云县志[M]. 北京：北京出版社，1998.

[9] 屠秉懿，修，张惇德，纂. 延庆州志[M]. 台北：成文出版社，1967.

[10] 谢庭桂. 隆庆志[M]. 影印本. 上海：上海古籍书店，1962.

[11] 杨时宁. 宣大山西三镇图说[M]. 正中书局排印明崇祯刻本. 北京:北平图书馆，1930.

[12] 杨筠松. 地理点穴撼龙经[M]. 寇宗谨，注，郑同，点校. 北京：华龄出版社，2011.

近代著述

外文文献

[1] SHABAT A M，TAPAMO J R. A comparative study of the use of local directional pattern for texture-based informal settlement classification[J].Journal of applied research and technology, 2017(15): 250–258.

[2] GKOLTSIOU A，PARASKEVOPOULOU.Landscape character assessment, perception surveys of stakeholders and SWOT analysis: a holistic approach to historical public park management[J]. Journal of outdoor recreation and tourism, 2021, 35: 100418.

[3] BUTLER A.Dynamics of integrating landscape values in landscape character assessment: the hidden dominance of the objective outsider[J]. Landscape research, 2016, 41(2): 239–252.

[4] BUTLER A, ÅKERSKOG A.Awareness-raising of landscape in practice: an analysis of landscape character assessments in England[J].Land use policy,2014,36:441-449.

[5] ASMAT A, ZAMZAMI S Z.Automated house detection and delineation using optical remote sensing technology for informal human settlement[J].Procedia-social and behavioral sciences,2012(36):650-658.

[6] ROBERTS B K.Rural settlement in Britain[M].London:Hutchinson,1979.

[7] HARVEY D.Landscape and heritage: trajectories and consequences[J].Landscape research, 2015,40(8): 911-924.

[8] FAIRCLOUGH G, SARLÖV H, SWANWICK C.Handbook of landscape character assessment: current approaches to characterisation and assessment[M]. 2018, London: Routledge.

[9] BROWN G,BRABYN L.The extrapolation of social landscape values to a national level in New Zealand using landscape character classification[J]. Applied geography, 2012, 35(1-2): 84-94.

[10] ZABIHI H, ALIZADEH M, WOLF I D,et al. A GIS-based fuzzy-analytic hierarchy process (F-AHP) for ecotourism suitability decision making: a case study of Babol in Iran[J].Tourism management perspectives, 2020, 36: 100726.

[11] HASTY S .Research from Huazhong Agricultural University provides new data about correlation analysis[J]. Energy business journal, 2011(3-31): 9-10.

[12] HILL M.Rural settlement and the urban impact on the countryside[M].London: Hodder & Stoughton, 2003.

[13] CARLIER J. A landscape classification map of Ireland and its potential use in national land use monitoring[J]. Journal of environmental management, 2021, 289: 112498.

[14] KNAAPEN J P, SCHEFFER M, HARMS B.Estimating habitat isolation in landscape planning [J]. Landscape and urban planning,1992(23): 1-16.

[15] STEPHENSON J, AUCHOP H, PETCHEY P.Bannockburn heritage landscape study [J]. Science for conservation, 2004(2): 68-79.

[16] NIGHTINGALE T.Heritage landscapes: a landscape approach to the identification conservation and interpretation of historic and cultural resources[C]. Wellington: DOC Science, 2004: 241-263.

[17] PENG J, LIU Z, LIU Y, et al. Multifunctionality assessment of urban agriculture in Beijing City, China[J]. Science of the total environment, 2015, 537: 343-351.

[18] JIANG P, SHAO L, BAAS C. Interpretation of value advantage and sustainable tourism development for railway heritage in China based on the analytic hierarchy process[J]. Sustainability, 2019, 11: 6492.

[19] AWAD J, JUNG C. Extracting the planning elements for sustainable urban regeneration in Dubai with AHP (Analytic Hierarchy Process)[J]. Sustainable cities and society, 2022, 76: 103496.

[20] TAYLOR K. Cultural landscapes: a bridge between culture and nature?[J]. International journal of heritagestudies, 2011, 17(6): 537–554.

[21] OSHER L J, BUOL S W. Relationship of soil properties to parent material and landscape position in Eastern Madre de Dios, Peru[J]. Geoderma, 1998, 83(1–2): 143–166.

[22] TVEIT M, ODE Å, FRY G. Key concepts in a framework for analysing visual landscape character[J]. Landscape research, 2006, 31(3): 229–255.

[23] AKBARI M, NEAMATOLLAHI E, NEAMATOLLAHI P. Evaluating land suitability for spatial planning in arid regions of eastern Iranusing fuzzy logic and multi–criteria analysis[J]. Ecological indicators, 2019, 98: 587–598.

[24] GUNEROGLU N. Coastal land degradation and character assessment of Southern Black Sea landscape[J]. Ocean & coastal management, 2015, 118: 282–289.

[25] NADKARNI R R, PUTHUVAYI B. A comprehensive literature review of multi–criteria decision making methods in heritage buildings[J]. Journal of building engineering, 2020, 32: 101814.

[26] ZHANG R, WANG J, BROWN S. "the charm of a thousand years": Exploring tourists' perspectives of the "culture–nature value" of the humble administrator's garden, Suzhou, China[J]. Landscape research, 2021, 46(8): 1071–1088.

[27] PORTAS, STRANO E, LACOVIELLO V. et al. Street centrality and densities of retail and services in Bologna, Italy[J]. Environment and planning, 2009, 36(3): 450–465.

[28] BAMRUNGKHUL S, TANAKA T. The assessment of land suitability for urban development in the anticipated rapid urbanization area from the belt and road initiative: a case study of Nong Khai City, Thailand[J]. Sustainable cities and society, 2022, 83: 103988.

[29] SEVENANT M, ANTROP M. Settlement models, land use and visibility in rural landscapes: two case studies in Greece[J]. Landscape and urban planning, 2007, 80(4): 362–374.

[30] KYVELOU S S, GOURGIOTIS A. Landscape as connecting link of nature and culture: spatial planning policy implications in Greece[J]. Urban science, 2019, 3(3): 81.

[31] KITTIPONGVISES S, PHETRAK A, RATTANAPUN P, et al. AHP-GIS analysis for flood hazard assessment of the communities nearby the world heritage site on Ayutthaya Island, Thailand[J]. International journal of disaster risk reduction, 2020, 48: 101612.

[32] TERKENLI T, GKOLTSIOU A, KAVROUDAKIS D. The interplay of objectivity and subjectivity in landscape character assessment: qualitative and quantitative approaches and challenges[J]. Land, 2021, 10(1): 53.

[33] MOROKE T, SCHOEMAN C, SCHOEMAN I. Sustainability assessment methodology of urban mobility projects[J]. Land use policy, 2017, 60: 334–342.

[34] HE X, BO Y, DU J, et al. Landscape pattern analysis based on GIS technology and index analysis[J]. Cluster computing, 2019, 22: 5749–5762.

[35] XU H, CHEN F, ZHOU W. A comparative case study of mtinsar approaches for deformation monitoring of the cultural landscape of the Shanhaiguan section of the Great Wall[J]. Heritage science, 2021, 9(1).

[36] ZHAO Y. The application of landscape character classification for spatial zoning management in mountainous protected areas–a case study of Laoshan National Park, China[J]. Heliyon, 2023, 9(3): e13996.

[37] WU Y, WANG H, ZHANG B. Landscape character diversity and zoning management: case of wuhan metropolitan area[J]. Journal of urban planning and development, 2021, 147(1).

[38] GONG Z. The evolutionary process and mechanism of cultural landscapes: an integrated perspective of landscape ecology and evolutionary economic geography[J]. Land, 2022, 11(11): 2062.

中文文献

[1] Chin E O，张朝枝. 文化遗产旅游促进联合国2030年可持续发展目标的路径[J]. 旅游学刊，2023，38（8）：3-5.

[2] 曹迎春，张玉坤，李严. 明长城军事防御聚落体系大同镇烽传系统空间布局研究[J]. 新建筑，2017（2）：142-145.

[3] 曹迎春，张玉坤. 明长城宣大山西三镇军事防御聚落体系宏观系统关系研究[M]. 北京：中国建筑工业出版社，2020.

[4] 常玮. 明长城西北四镇军事聚落防御性空间研究：以中卫城为例[J]. 建筑与文化，2015（5）：159-161.

[5] 陈晨，杨贵庆，徐浩文，等. 地方产业驱动乡村发展的机制解析及规划策略：以浙江省三个典型乡村地区为例[J]. 规划师，2021，37（2）：21-27.

[6] 陈同滨，王琳峰，任洁. 长城的文化遗产价值研究[J]. 中国文化遗产，2018（3）：4-14.

[7] 陈竹安，况达，危小建，等. 基于MSPA与MCR模型的余江县生态网络构建[J]. 长江流域资源与环境，2017，26（8）：1199-1207.

[8] 戴晓玲，浦欣成，董奇. 以空间句法方法探寻传统村落的深层空间结构[J].中国园林，2020，36（8）：52-57.

[9] 党安荣，马琦伟. 传统村落保护的信息技术方法[J]. 中国建设信息，2013，530（11）：50-53.

[10] 翟巍. 三维GIS中大规模场景数据获取、组织及调度方法的研究与实现[D]. 大连：大连理工大学，2003.

[11] 董禹，费月，董慰. 基于文化景观基因法的赫哲族传统聚落文化景观特征探析：以四排赫哲族乡为例[J]. 小城镇建设，2019，37（3）：98-105.

[12] 范熙晅，张玉坤，李严. 明长城军事防御体系规划布局机制研究[M]. 北京：中国建筑工业出版社，2019.

[13] 方琰，殷杰. 基于慢城视角的长江三角洲慢旅游目的地开发适宜性评价[J]. 旅游科学，2014，28（6）：82-92.

[14] 官紫玲，陈顺和. 乡土文化景观安全格局及遗产廊道构建研究：以福建永泰为例[J]. 中国园林，2020，36（2）：96-100.

[15] 郭红，于翠艳. 明代都司卫所制度与军管型政区[J]. 军事历史研究，2004（4）：78-87.

[16] 郭泉恩，钟业喜. 江西省宗教场所旅游开发的适宜性评价[J]. 地理研究，2016，35（2）：377-389.

[17] 何宝善. 明实录长城史料[M]. 北京：燕山出版社，2014：131-132.

[18] 贺鼎，王子瑜，吴海怡. 基于MCR与MCA模型的景德镇瓷业遗产廊道体系构建研究[J]. 地理与地理信息科学，2022，38（3）：74-82.

[19] 侯妙乐，刘晓琴，陈军，等. 基于地理空间信息的文化遗产可持续发展指标建设[J]. 地理信息世界，2019，26：1-6.

[20] 胡明星，董卫. GIS技术在历史街区保护规划中的应用研究[J].建筑学报，2004（12）：63-65.

[21] 黄茹莉. 国际可持续性评价方法研究进展与趋势[J].生态经济，2015，31（1）：18-22，108.

[22] 乐志，许若菲，李新建. 全球变暖背景下太湖流域历史文化名镇洪涝灾害预测及减灾研究[J]. 中国文化遗产，2020（3）：30-36.

[23] 雷函龙，陈慧英. 基于湖北钟祥明显陵世界文化遗产地居民对旅游影响感知的可持续发展评估指标体系构建[J]. 旅游纵览，2021，（4）：9-11.

[24]　黎启国，郭树志，许召敏. 我国近现代工业遗产时空间格局特征研究：基于全国重点文物保护单位视角[J]. 南方建筑，2022，213（7）：44−54.

[25]　李炳元，潘保田，程维明，等. 中国地貌区划新论[J]. 地理学报，2013，68（3）：5−10.

[26]　李凤山. 长城带民族融合史略[J]. 中央民族大学学报（哲学社会科学版），1993（1）：55−60.

[27]　李果，王艺颖. 湘西州传统村落景观类型与关键特征识别研究[J]. 中国名城，2021，35（3）：90−96.

[28]　李晖，谭雯文，李滔. 普洱"茶马古道"生物与文化多样性保护格局构建研究[J]. 中国园林，2019，35（12）：48−51.

[29]　李晖，王巍静，张裕，等. 基于状态空间模型的"一带一路"遗产廊道生态旅游承载力研究[J]. 中国园林，2020，36（5）：18−23.

[30]　李世芬，况源，王佳林. 渤海南域乡村民居建筑基因识别与图谱研究[J]. 建筑学报. 2022, 25 (S1)：219-224.

[31]　李欣鹏，李锦生，侯伟. 区域生态网络精细化空间模拟及廊道优化研究：以汾河流域为例[J]. 地理与地理信息科学，2020，36（5）：14−20.

[32]　李新建，李岚. 从冲突、适应到整合：中国历史地段消防的发展历程与当前对策[J]. 中国文化遗产，2020（3）：14−20.

[33]　李严，张玉坤，李哲. 明长城防御体系与军事聚落研究[J]. 建筑学报，2018（5）：69−75.

[34]　李哲，李严，赵曙光. 建筑低空摄影[M]. 天津：天津大学出版社，2016.

[35]　刘焱序，王仰麟，彭建，等. 耦合恢复力的林区土地生态适宜性评价：以吉林省汪清县为例[J]. 地理学报，2015，70(3)：476−487.

[36]　刘永志，张文婷，崔信民，等. 水库下游洪水风险分析研究[J]. 水电能源科学. 2012，30（2）：4.

[37]　罗群，卢旭. 创新理念：探索数字文保新路径[N]. 中国文化报. 2022−07−04(003).

[38]　罗哲文. 古迹[M]. 北京：中华书局，2016.

[39]　毛锋，王凌云，周文生，等. 大运河历史文化环境保护支持系统[J]. 清华大学学报（自然科学版），2007（9）：1401−1404.

[40]　苗苗. 明蓟镇长城沿线关城聚落研究[D]. 天津：天津大学，2004.

[41]　钱利，王军，段俊如. 生态安全导向下青海小流域与传统村落整体保护策略探析[J]. 中国园林，2018，34（5）：23−27.

[42]　邱仲麟. 国防在线：明代长城沿边的森林砍伐与人工造林[J]. 明代研究，2005（8）：1−66.

[43]　邱仲麟. 明代长城沿线的植木造林[J]. 南开学报：哲学社会科学版，2007（3）：11.

[44]　邵超峰，高俊丽，赵润. 基于SDGs及旅游竞争力指数的旅游型城市可持续发展评估：以桂林市为例[J]. 中国人口·资源与环境，2022，32（2）：162−176.

[45] 史念海. 论西北地区诸长城的分布及其历史军事地理[J]. 中国历史地理论丛，1994（2）：1–25.

[46] 舒波，张阳，张睿智，等. 基于在地性的彝族地区城市设计策略初探：以喜德县城市更新为例[J]. 华中建筑，2021，39（4）：67–71.

[47] 苏炳奇，殷玮璋. 关于考古学文化的区系类型问题[J]. 文物，1981（5）：10–17.

[48] 孙乔昀，张玉钧. 自然区域景观特征识别及其价值评估：以青海湖流域为例[J]. 中国园林，2020，36（9）：76–81.

[49] 谭立峰，于君涵，张玉坤，等. 明代广东海防防御性军事聚落空间布局研究[J]. 中国文化遗产，2020（3）：103–109.

[50] 谭立峰，张玉坤，辛同升. 村堡规划的模数制研究[J]. 城市规划，2009，33（6）：50–54.

[51] 汤羽扬，蔡超，刘昭祎. 北京市长城文化带保护发展规划编制回顾[C]//万里长城：庆祝中华人民共和国成立70周年论文集，2019：36–41.

[52] 汤羽扬，刘昭祎. 北京长城保护规划编制的思考[J]. 中国文化遗产，2018（3）：41–47.

[53] 唐芃，王笑，华好. 解码历史：宜兴丁蜀古南街历史风貌保护与更新中的数字技术与实践[J]. 建筑学报，2021（5）：24–30.

[54] 王鲁民. 中国古代"聚合型"都城的演变与退隐[J]. 城市规划学刊，2015（4）：91–98.

[55] 王鹏龙，高峰，黄春林，等. 面向SDGs的城市可持续发展评价指标体系进展研究[J]. 遥感技术与应用，2018，33（6）：784–702.

[56] 王双琳，范熙晅. 明长城辽东镇陆海协同军事防御体系布局研究[J]. 建筑与文化，2020（9）：75–76.

[57] 王翼飞，袁青. 基于形态基因库的乡村聚落空间风貌传承与优化研究：以黑龙江省乡村聚落为例[J]. 规划师，2021，37（1）：84–92.

[58] 王志芳，孙鹏. 遗产廊道：一种较新的遗产保护方法[J]. 中国园林，2001（5）：86–89.

[59] 吴晗. 读史札记[M]. 沈阳：沈阳出版社，2020：116–178.

[60] 吴尧，朱蓉. 江南传统建筑构造与技术研究综述[J]. 创意与设计. 2015（1）：55–58.

[61] 向远林. 陕西传统乡村聚落景观基因变异机制及其修复研究[D]. 西安：西北大学，2020.

[62] 谢于松，王倩娜，罗言云. 土地利用类型视角下重庆市主城区生态控制区区划及生态廊道构建研究[J]. 中国园林，2021，37（11）：115–120.

[63] 徐兴华，尚岳全，孙红月. 边坡综合信息管理与防灾决策机制的系统设计与应用[J]. 山地学报，2010，28（2）：161–170.

[64] 许广通，何依，王振宇. 历史城区结构原型的辨识方法与保护策略：基于荆襄地区历史文化名城保护的相关研究[J]. 城市规划学刊，2021（1）：111–118.

[65] 薛明月，王成新，窦旺胜，等. 黄河流域传统村落空间分布特征及其影响因素研究[J]. 干旱区资源与环境，2020，34（4）：94–99.

[66] 延庆县地名志编辑委员会. 北京市延庆县地名志[M]. 北京：北京出版社，1993.

[67] 杨培峰，龙香. 易地扶贫搬迁社区的空间特征与规划对策[J]. 规划师，2020，36（2）：34–40.

[68] 俞孔坚，李伟，李迪华. 快速城市化地区遗产廊道适宜性分析方法探讨：以台州市为例[J]. 地理研究，2005，24（1）：69–76.

[69] 虞春隆，党纤纤. 自然、文化、游憩一体的大西安渭河景观廊道构建[J]. 城市建筑，2019，16（28）：170–175.

[70] 苑思楠. 传统城镇街道系统的空间形态基因研究[D]. 天津：天津大学，2012.

[71] 张斌. 少数民族聚落景观演变的文化驱动机制解析[J]. 风景园林，2018，25（11）：112–116.

[72] 张焕，丁豪，王珂，等. 基于人聚行为的传统渔村公共空间变迁研究：以舟山群岛塘头村与白沙村为例[J]. 城市建筑，2019，16（10）：3744.

[73] 张杰. 中国古代空间文化溯源[M]. 北京：清华大学出版社，2012.

[74] 张杰. 京津冀长城聚落保护与可持续发展：基于遗产与生态耦合的视角[M]. 北京：清华大学出版社，2024.

[75] 张曼，汤羽扬，刘昭祎，等. 长城国家文化公园：重塑建成环境与公众健康的关系[J]. 北京规划建设，2020（4）：54–57.

[76] 张天骋，高翅. 武当山风景名胜区五龙宫景区风景特质识别研究[J]. 中国园林，2019，35（2）：54–58.

[77] 张一，张春彦. 京津冀线性文化遗产景观体系构建：以太行东麓遗产带为例[J]. 中国园林，2018，34（10）：71–76.

[78] 张鹰. 传统聚落"自助式"保护与再生[J]. 城乡建设，2015（9）：11.

[79] 张雨洋，杨昌鸣. 什刹海商业热点街巷区位特征及优化策略研究：基于道路中心性视角[J]. 旅游学刊，2019，34（7）：110–123.

[80] 张玉坤，范熙晅. 明长城军事防御体系规划布局机制研究[D]. 天津：天津大学，2015.

[81] 张玉坤，范熙晅，李严. 明代北边战事与长城军事聚落修筑[J]. 天津大学学报（社会科学版），2016（2）：135–139.

[82] 赵之枫. 中国传统聚落保护研究丛书·北京聚落[M]. 北京：中国建筑工业出版社，2023.

[83] 郑文武，李伯华，刘沛林，等. 湖南省传统村落景观群系基因识别与分区[J]. 经济地理，2021，41（5）：204–212.

[84] 周政旭，胡雅琪，郭灏. 黔中安顺屯堡聚落防御体系研究[J]. 西部人居环境学刊，2018，33（4）：91–99.

[85] 董耀会. 生态环境恶劣是长城区域主要问题[J]. 中国林业，2006（20）：6–7.

附录1　北京长城城堡信息总表

序号	城堡名称	城堡位置
1	沿河城关堡	北京市门头沟区斋堂镇沿河城村
2	斋堂城城堡	北京市门头沟区斋堂镇东斋堂村
3	南口城	北京市昌平区南口镇南口村
4	上关城	北京市昌平区南口镇四桥子村
5	白羊城	北京市昌平区流村镇白羊城村
6	长峪城	北京市昌平区流村镇长峪城村
7	居庸关	北京市昌平区南口镇居庸关村
8	大水峪城堡遗址	北京市怀柔区怀北镇大水峪村
9	河防口城堡遗址	北京市怀柔区怀北镇河防口村
10	神堂峪城堡遗址	北京市怀柔区雁栖镇神堂峪村
11	长园城堡遗址	北京市怀柔区雁栖镇长园村
12	亓连口堡遗址	北京市怀柔区雁栖镇莲花池村
13	慕田峪堡遗址	北京市怀柔区渤海镇慕田峪村
14	贾儿岭堡遗址	北京市怀柔区渤海镇营北沟村
15	田仙峪堡遗址	北京市怀柔区渤海镇田仙峪村
16	辛营堡遗址	北京市怀柔区渤海镇辛营村
17	渤海所堡遗址	北京市怀柔区渤海镇渤海所村
18	擦石口城堡遗址	北京市怀柔区渤海镇沙峪北沟村
19	磨石口城堡遗址	北京市怀柔区渤海镇大榛峪村
20	驴鞍岭城堡遗址	北京市怀柔区渤海镇大榛峪村
21	大榛峪城堡遗址	北京市怀柔区渤海镇大榛峪村
22	南冶口城堡遗址	北京市怀柔区渤海镇铁矿峪村
23	兴隆城堡遗址	北京市怀柔区渤海镇兴隆城村
24	小长峪城堡遗址	北京市怀柔九渡河镇东宫村
25	黄花城城堡遗址	北京市怀柔区九渡河镇黄花城村
26	撞道口城堡遗址	北京市怀柔区九渡河镇撞道口村
27	西水峪城堡遗址	北京市怀柔区九渡河镇西水峪村
28	二道关城堡遗址	北京市怀柔区九渡河镇二道关村

续表

序号	城堡名称	城堡位置
29	鹞子峪城堡遗址	北京市怀柔区九渡河镇二道关鹞子峪
30	东上营城堡	北京市平谷区金海湖镇东上营村
31	黑水湾城堡	北京市平谷区金海湖镇黑水湾村
32	北寨村城堡	北京市平谷区南独乐河镇北寨村
33	峨嵋山营城堡	北京市平谷区南独乐河镇峨嵋山村
34	鱼子山城堡	北京市平谷区山东庄镇鱼子山村
35	熊耳营城堡	北京市平谷区王辛庄镇熊耳营村
36	熊儿寨城堡	北京市平谷区熊儿寨乡熊儿寨村
37	上营城堡	北京市平谷区镇罗营镇上营村
38	上关城堡	北京市平谷区镇罗营镇关上村
39	将军关	北京市平谷区金海湖镇将军关村
40	堡子里城堡	北京市密云区大城子镇下栅子村
41	关上城堡	北京市密云区大城子镇北沟村
42	墙子路城堡	北京市密云区大城子镇墙子路村
43	营房城堡	北京市密云区北庄镇营房村
44	黄岩口瓮城	北京市密云区北庄镇杨家堡村
45	黄岩口城堡	北京市密云区北庄镇杨家堡村
46	令公城堡	北京市密云区太师屯镇令公村
47	石岩井城堡	北京市密云区太师屯镇石岩井
48	姜毛峪城堡	北京市密云区太师屯镇石岩井
49	关门城堡	北京市密云区新城子镇关门村
50	吉家营城堡	北京市密云区新城子镇吉家营村
51	遥桥峪城堡	北京市密云区新城子镇遥桥峪村
52	马圈城堡	北京市密云区新城子镇花园村
53	花园城堡	北京市密云区新城子镇花园村
54	黑谷关城堡	北京市密云区新城子镇花园村
55	水峪城堡	北京市密云区新城子镇大角峪村
56	大角峪城堡	北京市密云区新城子镇大角峪村
57	曹家路城堡	北京市密云区新城子镇曹家路村

续表

序号	城堡名称	城堡位置
58	蔡家甸城堡	北京市密云区新城子镇蔡家甸
59	齐头堡城堡	北京市密云区新城子镇东沟村
60	破城子城堡	北京市密云区新城子镇头道沟村
61	小口城堡	北京市密云区新城子小口村
62	新城子城堡	北京市密云区新城子镇新城子
63	唐家寨城堡	北京市密云区新城子镇唐家寨
64	司马台城堡	北京市密云区古北口镇司马台村
65	沙岭沟城堡	北京市密云区古北口镇司马台村
66	砖垛子城堡	北京市密云区古北口镇汤河村
67	古北口镇城	北京市密云区古北口镇东关村
68	古北口瓮城	北京市密云区古北口镇古北口村
69	上营城堡	北京市密云区古北口镇古北口村
70	潮河关城堡	北京市密云区古北口镇潮关村
71	河西城堡	北京市密云区古北口镇河西村
72	吊马寨城堡	北京市密云区高岭镇田庄村
73	半城子城堡遗址	北京市密云区不老屯镇半城子村
74	陈家峪城堡	北京市密云区不老屯镇陈家峪村
75	乍儿峪城堡	北京市密云区不老屯镇陈家峪村
76	西坨古城堡	北京市密云区不老屯镇西驼古村
77	堡子根城堡	北京市密云区冯家峪镇下营村
78	下营城堡	北京市密云区冯家峪镇下营村
79	白马关城堡	北京市密云区冯家峪镇白马关村
80	北化岭城堡	北京市密云区冯家峪镇白马关村
81	高庄子城堡	北京市密云区冯家峪镇西白莲峪村
82	上峪城堡	北京市密云区冯家峪镇冯家峪村
83	冯家峪城堡	北京市密云区冯家峪镇冯家峪村
84	石佛城堡	北京市密云区冯家峪镇西庄子村
85	石炮沟北城堡遗址	北京市密云区石城镇西湾子村
86	石炮沟南城堡	北京市密云区石城镇西湾子村

续表

序号	城堡名称	城堡位置
87	西湾子城堡	北京市密云区石城镇西湾子村
88	马营城堡	北京市密云区石城镇石塘路村
89	石塘路城堡	北京市密云区石城镇石塘路村
90	水堡子城堡	北京市密云区石城镇水堡子村
91	北白岩村北城堡	北京市密云区溪翁庄镇北白岩村
92	北白岩村内城堡	北京市密云区溪翁庄镇北白岩村
93	柏坨山城堡	北京市密云区溪翁庄镇黑山寺村
94	黑山寺村北城堡	北京市密云区溪翁庄镇黑山寺村
95	白道峪村北城堡	北京市密云区西田各庄镇白道峪村
96	白道峪村内城堡	北京市密云区西田各庄镇白道峪村
97	牛盆峪村西北城堡	北京市密云区西田各庄镇白道峪村
98	小水峪城堡	北京市密云区西田各庄镇小水峪村
99	三角城堡	北京市密云区高岭镇田庄村
100	河南营城堡	北京市密云区北庄镇北庄村
101	里炮古城	北京市延庆区八达岭镇里炮村
102	土城古城	北京市延庆区永宁镇营城村
103	八达岭营城古城	北京市延庆区永宁镇营城村
104	岔道东北古城	北京市延庆区八达岭镇程家窑村
105	小张家口西营城	北京市延庆区大榆树镇小张家口村
106	小张家口东营城	北京市延庆区大榆树镇小张家口村
107	延庆区07号城	北京市延庆区井庄镇西红山村南
108	延庆区08号城	北京市延庆区井庄镇西红山村东
109	东红山城堡	北京市延庆区井庄镇东红山村
110	柳沟城（凤凰城）	北京市延庆区井庄镇柳沟村
111	延庆区011号城	北京市延庆区井庄镇柳沟村
112	二司古城	北京市延庆区井庄镇二司村
113	三司古城	北京市延庆区三司村三司村
114	四司古城	北京市延庆区永宁镇四司村
115	头司古城	北京市延庆区永宁镇头司村

续表

序号	城堡名称	城堡位置
116	东灰岭西古城	北京市延庆区永宁镇东灰领村
117	东灰岭东古城	北京市延庆区永宁镇东灰领村
118	韩江口古城	北京市延庆区永宁镇马蹄湾村
119	延庆区019号城	北京市延庆区永宁镇营城村
120	延庆区020号城	北京市延庆区永宁镇营城村
121	海子口城	北京市延庆区四海镇海子口村
122	延庆区022号城	北京市延庆区延怀分界线
123	延庆区023号城	北京市延庆区安四路南侧山顶（西大尖），延怀交界
124	延庆区024号城	北京市延庆区四海镇海字口村
125	永安堡城	北京市延庆区四海镇永安堡村
126	四海城	北京市延庆区四海镇四海村
127	火焰山营城	北京市延庆区四海镇石窑村
128	东边村营城	北京市延庆区香营乡东边村
129	马营营城	北京市延庆区康庄镇马营村
130	南湾龙泉峪营城	北京市延庆区四海镇南湾村
131	黑汉岭营城	北京市延庆区四海镇黑汉岭村
132	周四沟营城	北京市延庆区刘斌堡乡周四沟村
133	白河堡城堡	北京市延庆区白河水库内
134	大柏老城堡	北京市延庆区旧县镇大柏老村
135	东白庙城堡	北京市延庆区香营乡东白庙村
136	东门营城堡	北京市延庆区张山营镇东门营村
137	古夷舆城堡、古夷舆城遗址	北京市延庆区旧县镇古城村
138	旧县城堡	北京市延庆区旧县镇旧区村
139	米粮屯城堡	北京市延庆区米粮屯村米粮屯村
140	双营城堡	北京市延庆区延庆镇双营村
141	香营城堡	北京市延庆区香营乡香营村
142	延庆城	北京市延庆区延庆镇北关村

注：本附录信息采集于北京市《第三次全国文物普查不可移动文物登记表》与《北京市长城文化带保护发展规划（2018年至2035年）》，在此基础上，根据《九边图说》《四镇三关志》《中国长城志》等相关文献中的明长城文字描述与古地图进行历史考证，并结合实地踏勘形成清单。

附录2 北京长城军防聚落及环境平面图[①]

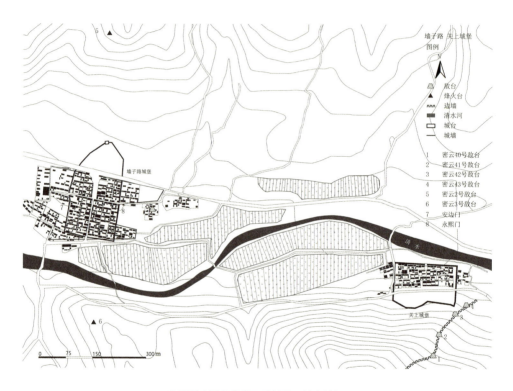

密云区大城子镇墙子路城堡、关上城堡

[①] 作者基于卫星影像、无人机近景测量等基础数据,结合历史文献、实地踏勘和口述史访谈等手段,对长城军防聚落及其遗产要素进行考证后绘制。

附录2 北京长城军防聚落及环境平面图

密云区新城子镇曹家路城堡

曹家路城堡
图例
1 西城门
2 南城门
3 东城门
安达木河
敌台
城墙

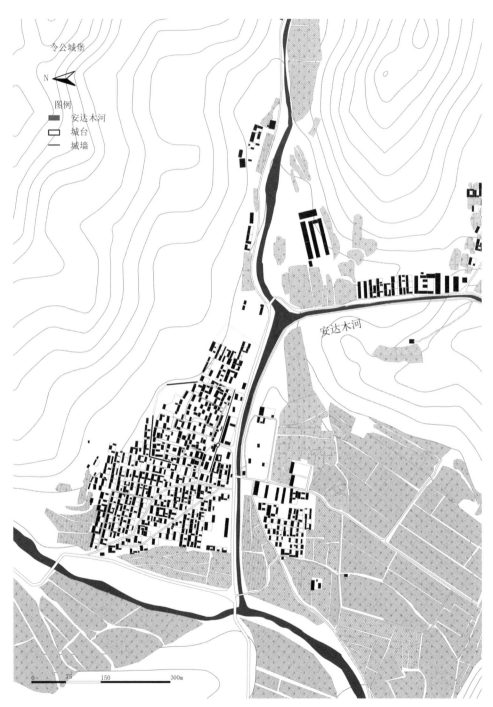

密云区太师屯镇令公城堡

附录2 北京长城军防聚落及环境平面图

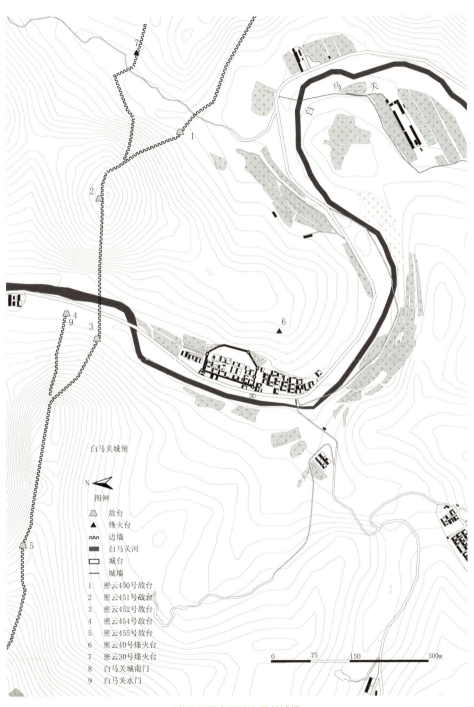

密云区冯家峪镇白马关城堡

遗产的文化与数字解析：北京长城军防聚落保护与区域发展研究

密云区古北口镇司马台营城堡

附录2 北京长城军防聚落及环境平面图

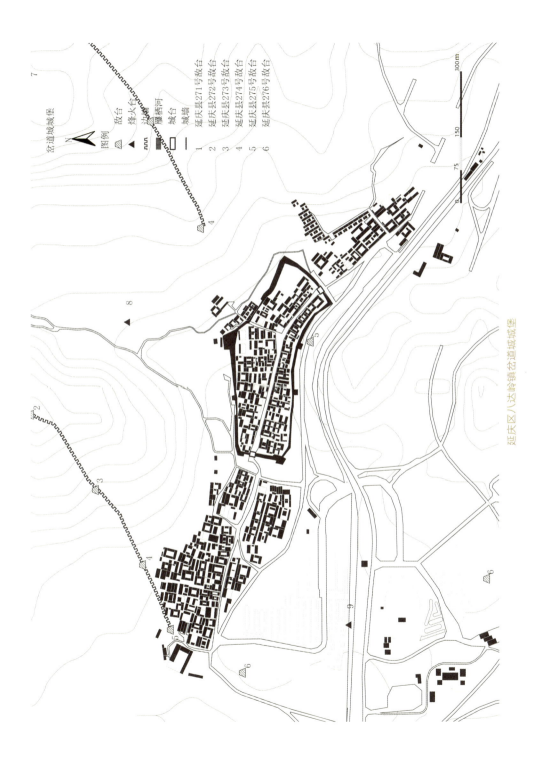

延庆区八达岭镇岔道城堡

遗产的文化与数字解析：北京长城军防聚落保护与区域发展研究

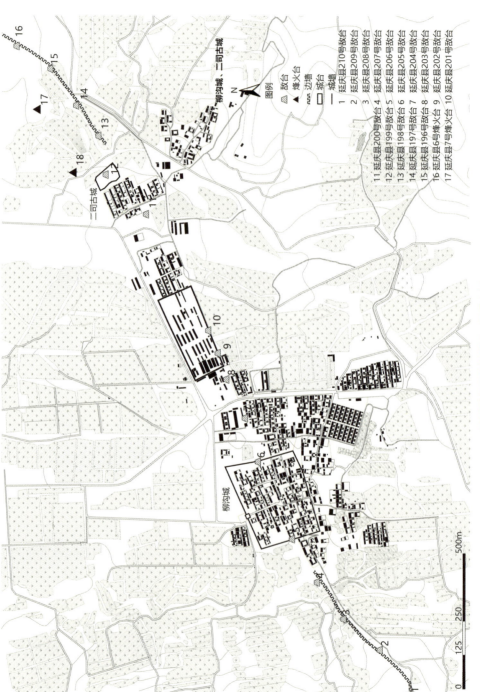

延庆区井庄镇柳沟城、二司古城

附录2 北京长城军防聚落及环境平面图

怀柔区雁栖镇神堂峪城堡

211

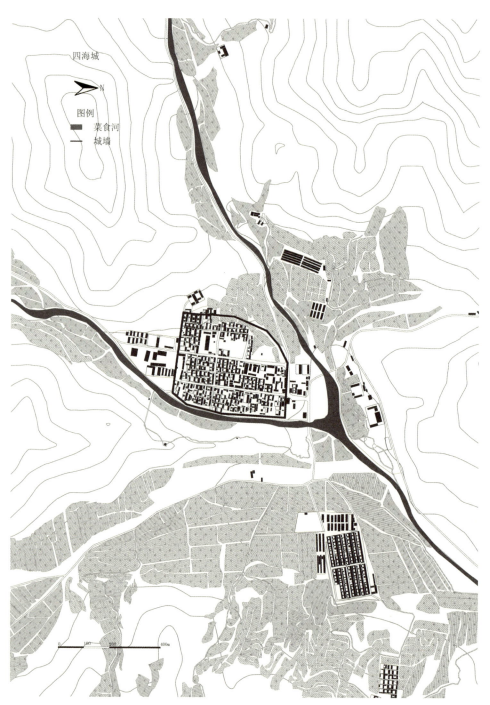

延庆区四海镇四海城

附录2 北京长城军防聚落及环境平面图

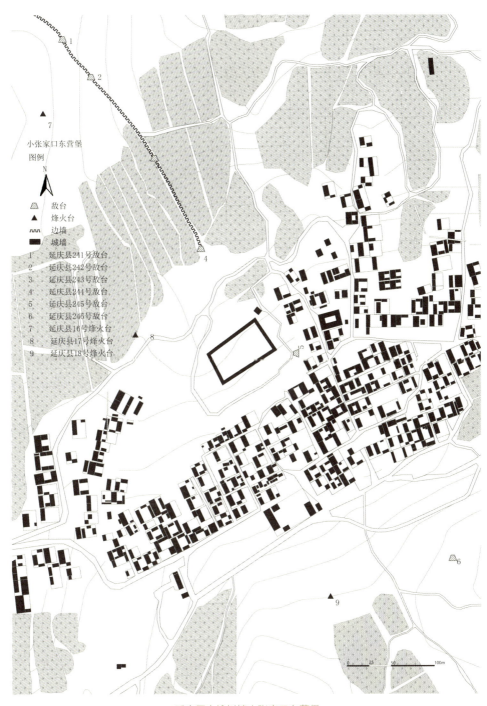

延庆区大榆树镇小张家口东营堡

延庆区刘斌堡乡周四沟营城

附录2 北京长城军防聚落及环境平面图

门头沟区斋堂镇沿河城关堡

215

遗产的文化与数字解析：北京长城军防聚落保护与区域发展研究

昌平区流村镇长峪城

附录2 北京长城军防聚落及环境平面图

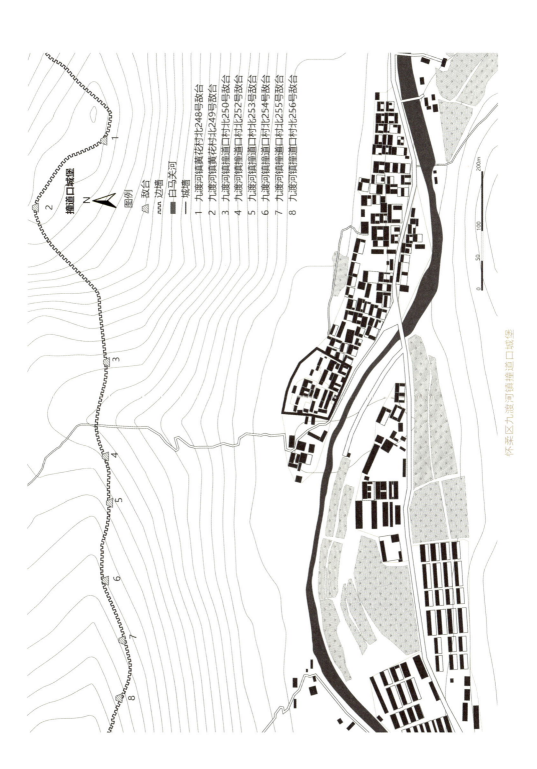

怀柔区九渡河镇撞道口城堡

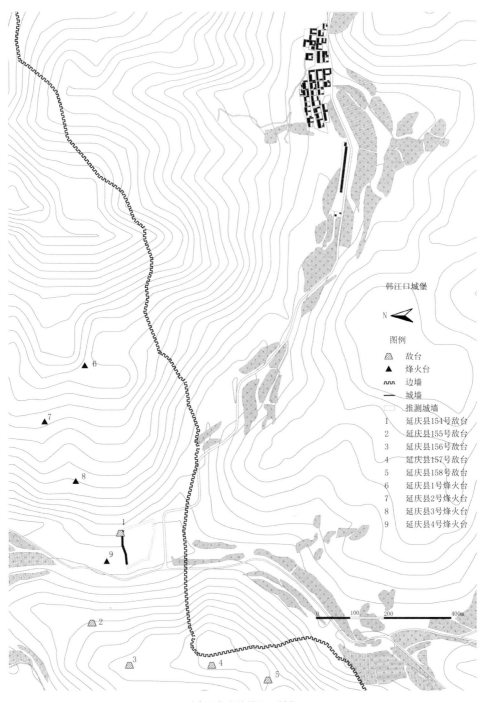

延庆区永宁镇韩江口城堡

附录3　北京长城军防聚落相关古地图[①]

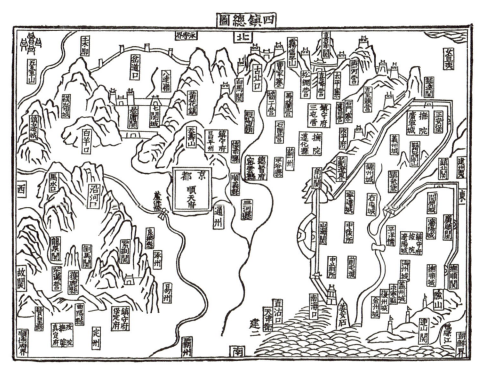

四镇舆图

（图片来源：刘效祖.四镇三关志校注[M].郑州：中州古籍出版社，2018.）

---

① 作者汇集北京长城军防聚落相关的古籍、古地图，重新绘制而成。

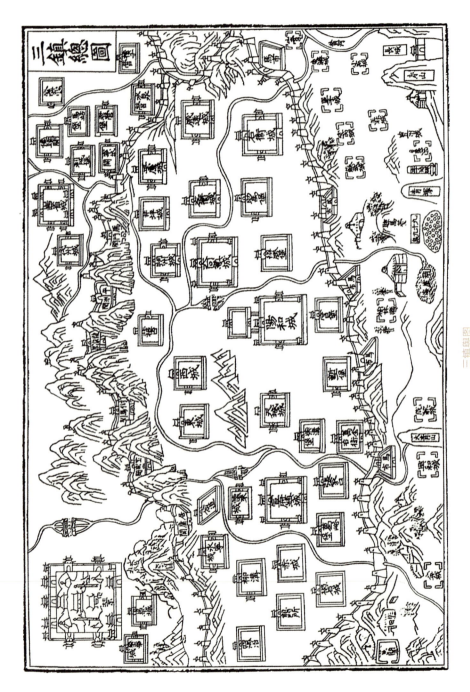

三镇舆图

(图片来源:杨时宁.宣大山西三镇图说[M].正中书局排印明崇祯刻本.北京:北平图书馆,1930.)

附录3 北京长城军防聚落相关古地图

蓟镇总图

(图片来源：霍冀, 孙应元.九边图说[M]. 扬州：江苏广陵古籍刻印社, 1986.)

宣府镇东路

(图片来源：霍冀, 孙应元.九边图说[M]. 扬州：江苏广陵古籍刻印社, 1986.)

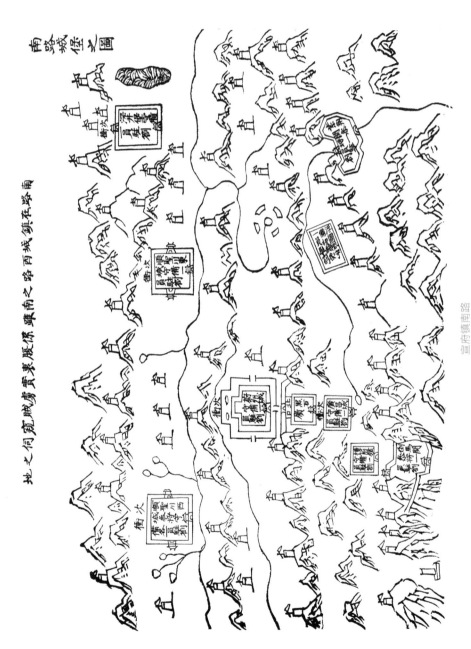

(图片来源:霍冀,孙应元.九边图说[M].江苏广陵:扬州,江苏广陵古籍刻印社,1986.)

附录3 北京长城军防聚落相关古地图

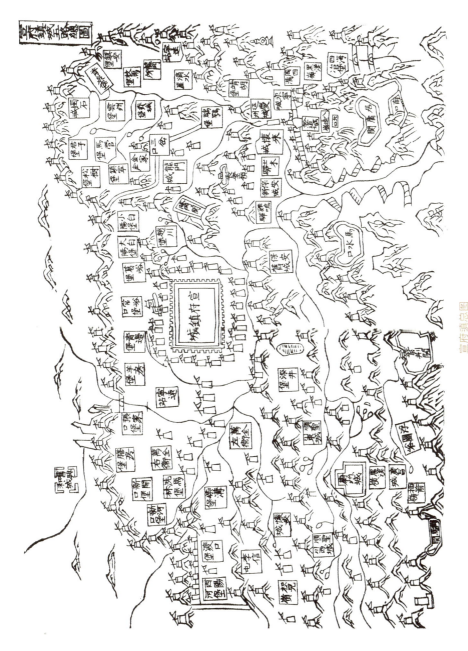

宣府镇总图

（图片来源：霍冀，孙应元. 九边图说[M]. 扬州：江苏广陵古籍刻印社，1986.）

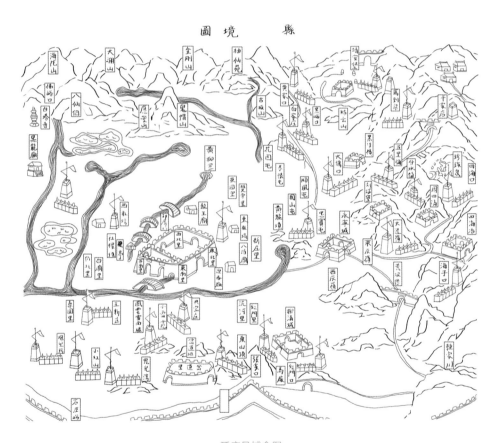

延庆县域全图

（图片来源：张悖德，何道增增修. 延庆州志[M]. 北京：延庆州署，清光绪六年（1880年）.）

附录3 北京长城军防聚落相关古地图

岔道城

（图片来源：张惇德，何道增修. 延庆州志[M]. 北京：延庆州署，清光绪六年（1880年）.）

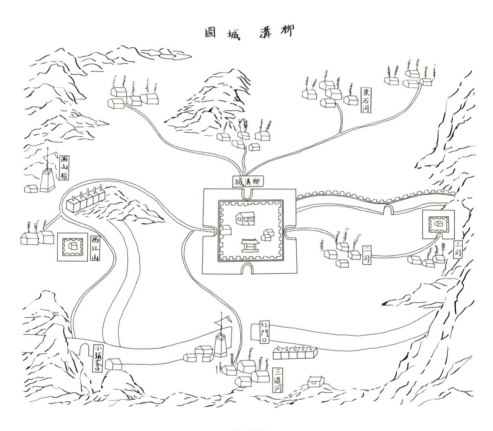

柳沟城

(图片来源：张惇德，何道增修. 延庆州志[M]. 北京：延庆州署，清光绪六年（1880年）.)

附录3 北京长城军防聚落相关古地图

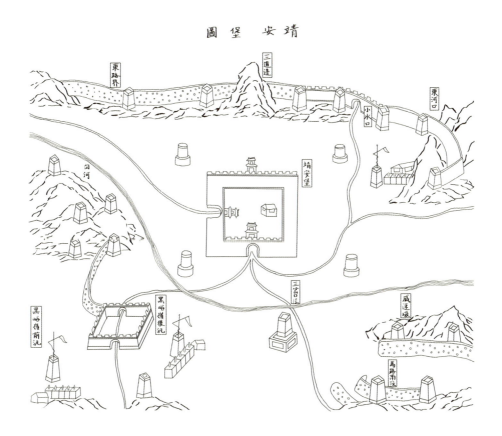

靖安堡

（图片来源：张惇德，何道增修. 延庆州志[M]. 北京：延庆州署，清光绪六年（1880年）.）

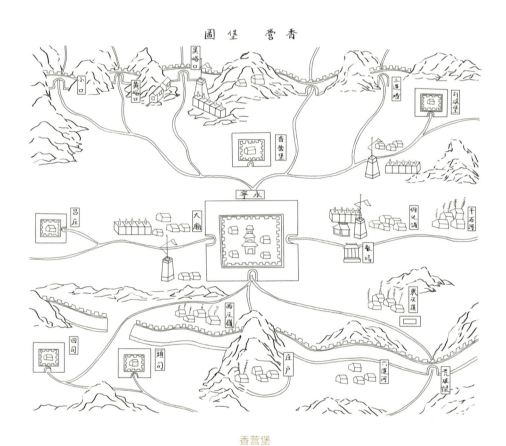

香营堡

(图片来源：张悖德，何道增修.延庆州志[M].北京：延庆州署，清光绪六年（1880年）.)

附录3 北京长城军防聚落相关古地图

周四海

(图片来源：张惇德，何道增修. 延庆州志[M]. 北京：延庆州署, 清光绪六年（1880年）.)

遗产的文化与数字解析：北京长城军防聚落保护与区域发展研究

四海冶

（图片来源：张惇德，何道增修. 延庆州志[M]. 北京：延庆州署，清光绪六年（1880年）.）

附录3　北京长城军防聚落相关古地图

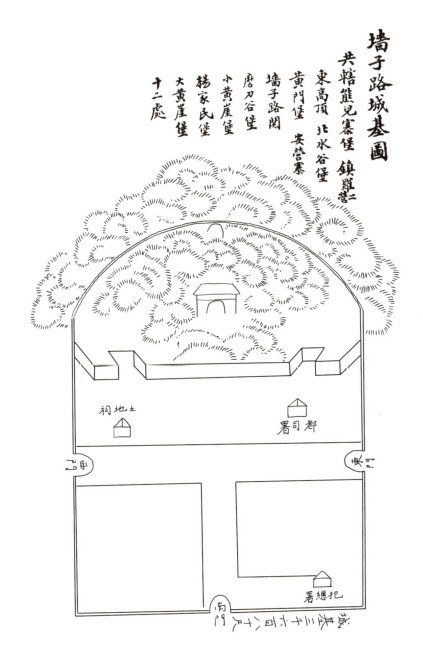

墙子路城基图

（图片来源：臧理臣、朱颐总理，宗庆煦总纂，宗华培绘图. 密云县志[M]. 北京：北平京华书局出版，民国三年（1914年）.）

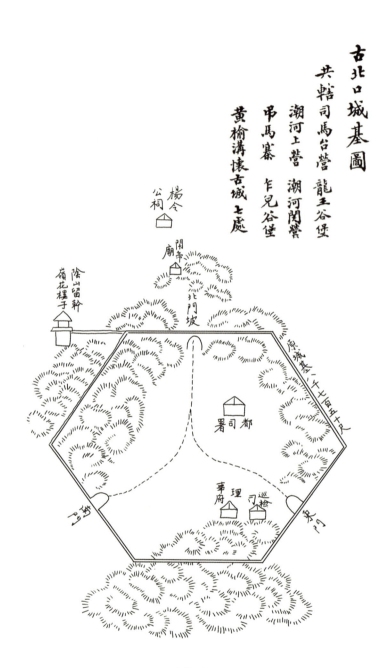

古北口城基图

（图片来源：臧理臣、朱颐理，宗庆煦纂，宗华培绘图.密云县志[M]. 北京：北平京华书局出版，民国三年（1914年）.）

墙子路城基图

(图片来源:丁符九、赵文粹修,张鼎华、周林纂.密云县志[M].刻本,清光绪七年(1881年).)

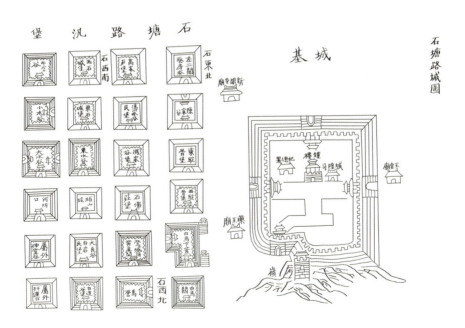

石塘路城图

(图片来源:丁符九、赵文粹修,张鼎华、周林纂.密云县志[M].刻本,清光绪七年(1881年).)

致谢

衷心感谢张杰教授对我的鞭策和支持。笔者对长城的关注和研究开始于张杰教授的引导，在参与他主持的国家自然科学基金过程中，我和研究生长期上山下乡，针对北京长城聚落及其可持续发展进行了一系列系统性的调查研究。特别是张杰教授的作品《京津冀长城聚落保护与可持续发展——基于遗产与生态耦合的视角》一书，对于本书的写作至关重要。在参与该书第二章"沿线聚落遗产特征"的研究与写作过程中，笔者深感长城沿线军防聚落的突出普遍价值，延伸形成了本书内容。本书尝试聚焦于北京长城军防聚落，对其聚落空间布局规律、选址堪舆和聚落建筑进行更为精细化的刻画；受到该书提出的"遗产-生态"耦合单元概念启发，本书选取古北路沟域单元，对其历史形成过程和军防格局特征进行了更为详尽的诠释；同时结合笔者将文化遗产与大数据研究融合的一系列技术探索，凝练了可持续发展适宜性评价、区域景观特征评估、遗产廊道体系构建等一系列具体的区域决策问题。

衷心感谢北京建筑大学张大玉、汤羽扬、蔡超、骆文、刘玮、潘剑彬、孙喆、杨震、苏毅、杨震、郭贤、俞天琦等各位老师。在长城聚落调查研究及上述课题研讨交流过程中，我们并肩作战，他们为本书研究思路的开拓，提供了诸多宝贵建议。此外，中国文化遗产研究院于冰老师，长城小站的张俊、李献老师在数据收集和实地调研中给予诸多支持。北京市考古研究院尚珩老师在长城历史文献和考古成果方面给予诸多专业解读与指导。密云区文化与旅游局王永库、李伟在本书写作过程中，给与了诸多调研的便利，在此一并致谢。

感谢北京建筑大学王子瑜、吴海怡、郑淳之、胡靖崇、原琳、陈文婷、蒋思玮、李硕、吴佳璇、王文科、林孙诚、谷雨欣、廖菲菲、董航辉、张博涵、刘一凝、章亚萌等诸位研究生同学在实地调研和图表制作中的支持，本书的写作基础来源于我和这些研究生陆续开展的一系列调查研究与学术发表，本书在此基础上编纂而成。另外，梁德宁、李世豪同学在书稿写作和修改完善过程中，提供了很大帮助，在此表示感谢。